心态积极精神好

心力强大有担当

中共中央党校党建部创新工程
新时代干部心理能力建设书系
★
胡月星 主编

构建和谐愉快的人际关系

袁书杰／著

SPM
南方出版传媒
广东人民出版社
· 广州 ·

图书在版编目（CIP）数据

构建和谐愉快的人际关系／袁书杰著. —广州：广东人民出版社，2021.5

（新时代干部心理能力建设书系／胡月星主编）

ISBN 978-7-218-14431-3

Ⅰ. ①构… Ⅱ. ①袁… Ⅲ. ①领导人员—人际关系学 Ⅳ. ①C933.41 ②C912.11

中国版本图书馆 CIP 数据核字（2020）第 153405 号

GOUJIAN HEXIE YUKUAI DE RENJI GUANXI

构建和谐愉快的人际关系

袁书杰　著

出 版 人：肖风华

责任编辑：曾玉寒
装帧设计：闽江文化
责任技编：吴彦斌　周星奎

出版发行：广东人民出版社
地　　址：广州市海珠区新港西路 204 号 2 号楼（邮政编码：510300）
电　　话：（020）85716809（总编室）
传　　真：（020）85716872
网　　址：http://www.gdpph.com
印　　刷：广东虎彩云印刷有限公司
开　　本：787 mm×1092mm　1/16
印　　张：15.375　　字　数：220 千
版　　次：2021 年 5 月第 1 版
印　　次：2021 年 5 月第 1 次印刷
定　　价：46.00 元

如发现印装质量问题，影响阅读，请与出版社（020 - 85716849）联系调换。
售书热线：020 - 85716826

《新时代干部心理能力建设书系》编委会

参与研究及支持单位

中共中央党校（国家行政学院）

中国浦东干部学院

中共国家税务总局党校（国家税务总局税务干部学院）

中共北京市委党校（北京行政学院）

中共丽江市委党校（丽江市行政学院）

中国健康管理协会

中国领导科学研究会

中国人才研究会

中国健康管理协会公职人员心理健康管理分会

残疾人事业发展研究会心理健康专业委员会

广州市干部健康管理中心

红色地标（北京）领导力研究院

西安思源学院新发展理念与领导力研究中心

总　序

　　建设高素质专业化干部队伍，不仅包括思想建设、作风建设、组织纪律建设，还应当包括心理能力建设。我们党的干部队伍，不仅要政治过硬，本领高强，还要心理健康。习近平总书记在党的十九大报告中强调，"打铁必须自身硬"，这个"自身硬"既包括信念坚定、思想领先、作风顽强，还包括心理能力素质过硬。2018年5月，中共中央办公厅印发《关于进一步激励广大干部新时代新担当新作为的意见》，其中明确要求，要"满怀热情关心关爱干部。坚持严格管理和关心信任相统一，政治上激励、工作上支持、待遇上保障、心理上关怀"，同时明确要"关注干部心理健康"。在同年召开的全国组织工作会议上，习近平总书记进一步强调，要"真情关爱干部，关注干部身心健康"。此后，中共中央组织部又专门下发《关于认真做好关心关怀干部心理健康有关工作的通知》，对做好干部心理健康有关工作提出了明确、具体的要求。这一系列举措的出台，既体现了中央对干部心理健康工作的重视，也折射了加强干部心理健康工作的重要性与紧迫性。

　　心理能力本质上就是一种心理能量，是一种面对现实、追求目标、克服困难、完善自我、积极向上的内在力量。积极心理学研究认为，乐观向上的精神状态、主动积极的工作态度、认真负责的专业精神、知难而上的信心勇气、矢志不移的奋斗追求等是组织与个人取得成就或成功的根本所在。把心理能力建设纳入到加强党的干部队伍自身建设中，对于增强党的凝聚力与战斗力，激发各级领导干部心理活力，营造风清气正良好政治生态环境，都是至关重要的。

　　鉴于此，《新时代干部心理能力建设书系》从新时代建设高素质专业化干部队伍的客观需要出发，从构建社会心理服务体系能力建设的目标要求入手，围绕如何提升领导干部心理能力这个主题，从领导干部心理健康及其维护的各个层面进行了有益探索。其目的在于进一步增进领导干部心理能力发展水平，培育健康积极的心态，为提升领导干部的领导力提供动力支持。《新时代干部心理能力建设书系》着眼于当下领导干部心理健康发展的实际需要，从心理学、领导科学、社会学乃至医疗健康等学科视角对心理健康问题进行了全面深入的解析。这套丛书特色鲜明，亮点突出，针对性强，实用度高，是对干部心理健康进行深入细致研究的系统性创新理论成果，为大家深入认识心理健康、开展自我心理调节、提高心理灵活性、增强积极心理能力等方面提供科学有效的帮助指导。本丛书的突出特点体现在以下几个方面：

　　一是贴近实际。丛书以各级干部为研究对象和服务对象，聚焦当下领导干部的心理问题，提出了具有针对性的对策建议。透过《把握心理健康的金钥匙》《增强积极心理能量》以及《变革时代的心理适应与发展》的深入阐述与精辟分析，为各级领导干部如何认识心理健康，如何积极响应时代召唤增强积极心理能量提供了许多富有价值的对策建议。

二是科学解读。心理问题既是一种表象，更有着深刻的内在原因。对于心理问题及其存在障碍的解读需要从心理发展轨迹入手，需要从领导干部承担的角色压力及其心理需要进行深入探讨。丛书中的《会减压才能从容领导》《构建和谐愉快的人际关系》《健康心态需要自我认知》都是从干部的现实需要入手，从压力缓解、人际和谐和自我认知等大家感兴趣的话题展开。这些深层次的问题，是影响干部心理健康的重要因素。

三是内容丰富。丛书注重理论研究与实践应用相结合。把《领导人格完善与心力提升》《领导养心与养生》也纳入视野，将干部普遍关心的自我人格完善、心理资本、心力与志趣、提升心理生活适应能力等现实问题进行逐一阐述，形成丰富完备的内容体系。《走出抑郁　宽松心态》和《科学化解内心的焦虑》都以大量真实案例为依托，将干部心理问题写活、说透、讲明，为干部创造一个深度共鸣、贴近需求、实用好用的阅读能量场，让干部能够开卷有益。

四是注重应用。《新时代干部心理能力建设书系》从不同侧面对领导干部心理健康进行了深入具体的阐述，提出了许多富有价值的对策建议，有的书稿在内容中间或章节末尾还增设各种心理测评问卷，帮助干部开展自测自评。这套内容丰富详尽的书系，既可以满足干部心理能力建设培训学习的实际需要，也可以作为干部自我提升的案头工具书，满足干部阅读需求。

五是聚贤增慧。《新时代干部心理能力建设书系》聚焦时代需要，着眼未来发展，凝聚集体智慧。在书稿的撰写当中，全国人大常委、中共中央党校（国家行政学院）原校务委员（副院长）陈立教授，中国管理学界泰斗、复旦大学首席教授、东方管理学派创始人苏东水先生，中国健康管理协会会长郭渝成教授，中国领导科学研究会会长冯秋婷教授，心理测量咨询专家、北京师范大学心理学教授郑日昌先生等领导和学界前辈亲自担任书系顾问，对编写工作悉心指导，热情期待，支持鼓励，为编写工作增加了智慧力量。中央党校厅局级干部培训班的许多学员对编写内容及章节体系也提出了许多宝贵的意见建议，在书系付梓出版之际，谨代表编委会对各位领导前辈、专家学者和朋友们的关心帮助表示衷心感谢！

《新时代干部心理能力建设书系》是集体智慧的结晶。书系的诞生不仅为加强领导心理服务体系建设做出了有益的探索努力，更为开展领导干部心理健康教育提供了十分难得的阅读材料，本套书系既可以为各级党校（行政学院）党政干部教育培训、企业领导人才能力提升以及社会团体开展各类心理健康咨询活动提供培训参考教材，也可以为增进领导干部身心健康提供有价值意义的指导咨询与帮助。

是为序。

胡月星

2020 年 12 月 10 日

序　言

马克思曾经说过，人的本质不是单个人所固有的抽象物，在其现实性上，它是一切社会关系的总和。虽然领导干部是各领域（生产实践）活动的"关键少数"，但是他们依然与其他普通人一样有七情六欲，具有基本的社会性需要。如果把人与人的关系比喻成一张网的话，可以说每个人就是具体连接的点，串联起来就是一个世界。关系是建立起来的，从没有关系，到关系密切，到关系和谐，这是一个构建的过程。研究表明，领导干部承担着代理人、联络者、资源分配者、传播者等多种角色，引领组织不断发展的关键还是如何清晰地进行角色定位，构建以工作为中心的人际关系网络和社会支持系统。由于受传统文化和等级制思想的影响，一些人常常对领导干部敬而远之，不敢也不愿近距离地与领导干部进行沟通交流，但是背后却异常兴奋地讨论领导干部的管理决策、性格特点，甚至是"花边新闻"。此外，在讲人情、重感情的社会里，领导干部与人际关系的讨论更多是消极的、隐蔽的，常常与攀附、利益输送等腐败事件做关联，导致领导干部苦闷无援，心理压力比较大，不同程度地出现失眠、焦虑甚至抑郁等问题。

党的十八大以来，随着全面从严治党的不断深入，干部清正、政府清廉、政治清明的认识不断深化。领导干部常常受累的人际困惑逐渐化解，领导干部得以把时间和精力节约起来，清清爽爽回归工作本位。党的十九大报告明确提出，加强社会心理服务体系建设。领导干部也是受关注和帮扶支持的对象，关心关爱干部，尤其是基层干部，需要建立健全干部关爱机制，帮助干部掌握应对压力和解决心理问题的方法技巧，不断提高干部的心理素质。此外，领导干部从来都不是一个信息孤岛，他们在增进信息交流和人际沟通中具有榜样示范作用。因此，领导干部还应该主动加强与群众沟通的本领，处理好干部与群众之间的关系，以过硬的本领为民服务。本书正是从这样的一种视角来谋篇布局的。

本书共有十章，从领导力的本质谈起，围绕人际交往与心理健康的关系、畸形人际关系和隐性人际冲突进行深度剖析，并在人际影响艺术中重点围绕领导干部人际沟通力、人际吸引力、和谐人际关系构建和社会支持系统维护等方面铺开，每一章节均辅以小故事或案例解读，还就工作—家庭关系的平衡艺术和高情商人际管理策略等内容做了专题论述。

应当说，领导干部人际交往是一个历久弥新的话题。培根曾经说过："缺乏朋友乃是纯粹最可怜的孤独；没有友谊则斯世不过是一片荒野……"领导干部的重要职责之一就是沟通与协调，他们的人际状况既会对本部门本单位人际交往氛围产生锚定性影响，也会对其他相关单位或部门产生"涟漪效应"。因此，从人际交往视角揭开领导干部心理的"神秘面纱"，具有现实基础和重要意义。只有通过剖析领导干部的心理特点，以及其与他人交往的反馈性观察，才能够更清楚领导干部自身的人际胜任力状况，才能够更加有效地推动领导效能的不断提升。

　　本书系教育部人文社科规划基金项目《新形势下领导干部敢于担当的动力与激励机制研究》（18YJA810005）、安徽省高校优秀青年人才重点项目（gxyqZD2020103）的成果。它的最大特点是题材新颖、观点独到，各章之间内容上互为补充，自成体系。在内容构思设计上，力求理论联系实际、学以致用。本书适用于领导干部的领导力培训、心理健康辅导及企业管理务实培训，对领导干部、员工自学，以及高校管理学类、心理学类相关专业师生学习研读具有一定的参考价值。

目　　录

第一章

人际关系也是领导力

人从母体中降生到这个世界上从来都不是完全独立的，也无法做到完全独立，与世隔绝。《马克思恩格斯选集》中说道，"人的本质不是单个人所固有的抽象物，在其现实性上，它是一切社会关系的总和。"社会是由人与人形成的关系总和，在这个环境下个体进行生产、消费、娱乐、政治、教育等社会活动。"狼孩""虎孩""猪孩"等现象告诉我们，人一旦脱离现实社会是无法正常成长的。其实，人是典型的社会性动物，具有区别于自然需要（生理需要）的社会需要，且在人的行为活动中，与其他需要相比，社会需要更显得迫切和重要。大量的实践证明，只有经历了社会化的过程人才能形成完整健全的人格和良好的心理品质。

一、人际关系为何重要

1920 年印度发生了这样一件怪事，传教士辛格在加尔各答丛林中发现了两个"狼孩"（被狼哺育的女孩）。大的约 8 岁，小的 1 岁半左右，当时她们都不会用双脚站立，只能靠四肢行走。而且她们有害怕日光、经常白天睡觉、夜间活动并发出尖锐的怪叫声等异常行为。此外，她们听不懂人类的语言，也发不出人类的音节，被救两个月后，小女孩才会说"Pāni（水，孟加拉语）"，年龄较大的女孩用了 25 个月才开始说出第一个词"ma"，四年后一共只学会了 6 个字，七年后增加到 45 个字。她们不会用手拿东西，吃东西狼吞虎咽，喝水用舌头舔；不肯洗澡和穿衣服，并随地大小便，经常蜷伏在一起，不愿与他人接近。虽然经过精心照料，但是她们最终还是因适应不良而死亡。这是一个极端的案例，它反映了人一旦错过社会化过程就会导致不可逆转的影响。事实证明，人离不开社会而独立存在。马克思曾经说过："人是最名副其实的社会动物，不仅是一种合群的动物，而且是只有在社会中才能独立的动物。孤立的一个人在社会之外进行生产……就像许多个人不在一起生活和彼此交谈而竟有语言发展一样，是不可思议的。"

20世纪初，美国人事管理协会率先提出了"人际关系"这个词。后来，人际关系理论的创始人——美国行为学家乔治·埃尔顿·梅奥（George Elton Mayo）进行了系统性研究。他认为，人际关系是在人与人之间的相互交往过程中逐渐建立和发展起来的，如亲属关系、朋友关系、同学关系、师生关系、同事关系、战友关系、雇佣关系、领导与被领导关系，等等。这些关系都含有认知、情感和意志行动三种心理成分，且通过亲密性、融洽性和协调性三个程度指标进行反映。朱智贤主编的《心理学大辞典》是这样定义：人际关系是"人与人之间通过交往与相互作用而形成的直接的心理关系"，"反映了个人或团体满足其社会需要的心理状态，人际关系的发展变化决定于双方社会需要的程度"。从时间轴来看，可以把人际关系的建立和发展过程分为四个阶段：一是定向阶段，对交往对象的关注、选择和初步沟通；二是情感探索阶段，随着双方沟通越来越广泛，自我暴露程度不断增加；三是情感交流阶段，双方沟通的内容开始广泛涉及自我许多方面，情感卷入变深，交往的安全感基本确立；四是稳定交往阶段，双方的心理相容性增加，自我暴露更为广泛深刻，涉及高度私密的个人领域（生活空间、财产等）。

美国著名社会心理学家亚伯拉罕·马斯洛（Maslow. A. H）

的需要层次理论告诉我们，人有五种需要，即生理需要、安全需要、尊重需要、爱与归属需要、自我实现需要。在这些需要当中，除了生理需要之外，其他四种需要都离不开人际交往，或者说只能在人际互动中才能予以完成和实现。管理学界流行一种说法叫"二八定律"，其中有一个是关于智商和情商在人事业成功上的作用，即一个人的成功20%取决于他的智商，而80%取决于他的情商。这正是因为高情商的人能够高效率地处理自己与他人的关系，并能够从人际交往中获得必要的物质帮助和精神支持。2000年4月，曾任谷歌、微软副总裁的李开复的《给中国学生的一封信》在网络上引起热议。其中在《从优秀到卓越》一文中他提到，"我个人就缺乏人际交往的倾向。以前我并不认为这有什么不妥，直到我遇到了一位非常具有个人影响力的经理为止。那个经理没有超人的智慧，但是他自称他认识了公司中几乎每一个有能力的人，并和其中的许多人成为了非常要好的朋友。我不知道他是怎么做到这一点的，但我很快就发现，他的这种能力对公司非常有用。比如，我需要在公司内部选拔一些职员到我的部门工作时，我就可以从他那里获得许多有关该职员的详细信息；与公司其他部门协调工作时，他的人际关系网也可以发挥非常大的作用。从那时起，我发现处理人际关系的能力对于一个人，特别是一个领导者来说非常重要，我开始特别注重培养自己在人际关系方面的影响力。"

（一）在人际关系中获得角色

"我们是谁？我们从哪里来？我们要到哪里去？"这是一个很深的哲学问题，是对人们生活的拷问：我们将在这个世界上扮演什么样的角色。"角色"一词，早期主要指戏剧舞台上依照剧本所扮演的特定人物，后来社会学家乔治·赫伯特·米德（Gworge Herbent Mead）等人认为现实社会与舞台之间存在一定的内在联系，舞台表演其实就是人类现实社会的缩影，于是就把"角色"引入社会学研究之中。人在社会生活中被赋予各种角色，如子女、家长、同事、下属、领导、朋友等，这些角色都承载着社会的期望和他人对角色行为的定位。当一个人按照角色要求进行行为表达时，就会产生社会认同。反之，则会出现认知冲突和适应困难。一个领导者在工作中扮演着多种角色。加拿大管理学家亨利·明茨伯格（Henry Mintzberg）在《管理工作的本质》一书中把"角色"描述为一定职责或者地位的一套有条理的行为。在将经理实际所从事的工作与岗位职能相比较后，他发现经理们并没有按照既定的职能进行工作，而是从事更多别的工作。于是，明兹伯格认为传统管理职能划分过于机械呆板，不应该从管理的职能来分析管理，而要把管理者看成各种角色的结合体。他把管理者角色共分为十种（挂名首脑、联络者、领导者、监听者、传播者、发言人、企业家、故障排除者、资源分配者和谈判者），概括为三大类：人际关系方面的角色、信息方面的角色以及决策方面的角色。其中人际关系方面的角色体现为管理者在组织正式权威和地位基础上表现出来的挂名首脑、联络者和领导者三种具体角色。

（二）在人际关系中找到归属

我们简化世界的方法之一就是分类，即把客体归入不同的类别来组织世界和认识世界。人们在人际关系中知觉到相似性和差异性，并考虑把人归类为"我们"还是"他们"。一般而言，人们都喜欢那些他们觉得与自己相似的人，不喜欢那些他们认为与自己不一样的人，这就是所谓的内群体偏好。正如马斯洛需要层次理论所描述的归属需要，每个人都会在社会环境中寻找同伴和组织，进而获得必要的安全感和情感寄托。一个人在单位里希望拥有朋友或者成为团队中的一员，围绕着工作议题或者家长里短进行沟通交流，把内心中对事物的看法表达出来，或者分享自己愉悦体验，或者进行各种吐槽，在互动中寻找属于自己的"关系圈"。个体在人际互动过程中呈现出"趣味相投"或者"臭味相投"，也就是说，我们倾向于发现身边与自己性格、态度、价值观等相同或相近的人并与之进行交往。正如 1961 年美国著名心理学家西奥多·纽科姆（Theodore Mead Newcomb）所做的相似吸引实验一样，随着交往的日渐深入，具有相似态度和价值观的人更容易成为相互吸引的对象，进而做成朋友，组成团队。特别是与亲密的亲人朋友之间建立的稳定关系，大家各尽所能，各取所需，不求付出与回报的对等，进行非工具性的或经济性的交往，为的就是满足心理归属感。20 世纪 50 年代，美国哈佛大学心理学教授大卫·麦克莱兰（David McClelland）通过对人的需求动机进行研究，提出了著名的成就需要理论（又称"三重需要理论"）。该理论描述了人在工作情境下有三种主要的需要，即成就需要、权力需要和归属需要。在一个组织中，员工从思想上、心理上、感情上与其他成员相契合，就内化为组织归属感，这对员工产生内心自我约束力和唤起强烈的责任感具有积极作用。

（三）在人际关系中赢得支持

俗话说，朋友多了路好走。在人生的道路上有了朋友的支持，会更加轻松顺畅。事实上，在与他人交往相处的过程中，人们通常可以获得认同、赢得尊重，并收获着快乐。美国心理学专家里奇（J. W. Reich）等人研究发现，人际关系是人们快乐的重要来源。他采用实证分析的方法，总结出来人们快乐的九个来源：结婚或订婚、恋爱、生子、交到新朋友、朋友来访或/和在一起、和同胞或近亲在一起、度假、获得学位、大病初愈。其中前七项是与人际关系相联系的，都具有人际情感关系的性质。1969年，美国耶鲁大学克雷顿·奥尔德弗（Clayton Alderfer）教授提出了一种新的人本主义需要理论，他认为人们共同存在三种核心需要：生存需要、相互关系需要和成长发展需要。其中，相互关系需要反映在与人交往过程中得到尊重的需求，且这种需求只有通过工作中或工作之外与其他人的接触和交往才能得到满足。在人际交往过程中，一个人的交往行为可以带来"圈粉"的效果，"圈粉"能够产生"人气"，使得更多的人聚在一起，"被圈粉"成为支持自己的力量。每个人都有自己的人际支持系统，就像一座斜拉桥的绳索，孤立地看每一根都貌不惊人，而一旦按照科学的规律排列组合，就会形成巨大的合力。在日常工作过程中，总有一些人很有"人缘"，能够与单位中的领导、同事、下属和谐交往，赢得全方位的人际认同，形成良好的人际影响力。对于行政管理工作，沟通协调的能力比较重要，人际沟通顺畅的人能够获得信息资源、经验分享和困难帮扶，处理问题才能得心应手，事半功倍。

二、良好人际关系的重要维度

自 20 世纪初人际关系理论提出以来，人们都在努力探寻建立良好人际关系的"金钥匙"。比如，人际关系是什么层面的，按照交往程度可以分为一般人际交往、亲密关系和爱情，每一种类型对"良好"的标准是不同的，并且每一种类型所受到的影响因素（交往对象本身也有差异）也是不同的。从交往原则来看，良好的人际关系至少遵循相互性（相互重视与支持）、交换性（对自己是有价值的）和平等性（人格上的平等）等原则。而良好人际关系的建立与维持离不开信任、真诚和齐心。

（一）信任为本

人无信不立，信用成为一个人与别人打交道的通行证。明代刘基所著的《郁离子》中有这样几句话："善疑人者，人亦疑之；善防人者，人亦防之。善疑人者，必不足于信；善防人者，必不足于智。知人之疑己而弗舍者，必其有所存也；知人之防己而不避者，必其有所倚也。"这充分说明了古人非常看重人际交往过程中相互的信任。在 1958 年美国心理学家多伊奇（M. Deutsd）囚徒困境的实验中，两个共谋犯罪的人被关进监狱，不能互相沟通。若两个人都不揭发对方，则由于证据不确定，每个人都坐牢一年；若一人揭发，而另一人沉默，则揭发者因立功而立即释放，沉默者则因不合作而入狱十年；若互相揭发，则因证据确凿，二者都判刑八年。由于囚徒无法信任对方，因此他们倾向于互相揭发，而不是同守沉默。信任是交往双方互动的基础，只有信任的环境才是安全的，才能敞开心扉、开诚布公。商鞅变法的法令准备公布之前，为了赢得老百姓的支持和信任，就在国都集市的南门外放了一根三丈高的木头，并许诺谁能把这根柱子搬到集市北门，就赏给他十两黄金。一开始，百姓们无人敢信。后来，商鞅又把赏金增加至五十两。有一人抱着试试看的心态，扛起木头搬至集市北门，果然获得五十两赏金。这就是著名的"徙木立信"。只有人与人之间是彼此可靠、相互信任的，才有可能敞开心扉、坦诚交流，才愿意为组织的事业发展尽心尽责。1898 年美西战争爆发前夕，美国总统威廉·麦金莱（William Mckinleg）要把一封重要的信送给古巴起义军领袖加西亚·伊尼格斯（Gacialniguez），有人推荐了安德鲁·罗文（Andrei Rowan），罗文没有问"怎么样、在哪儿、通过谁才能找到加西亚"，他接过信就出发了，冒着生命危险最终完成了这件"不可能的任务"，成为美西战争的英雄，他的"雷厉风行"和执行力一直为人们所推崇和歌颂。但是这个完美的结局靠的是一种关系信任，关键时刻人与人之间相互认可与支持信赖。

人际信任感测评①

请你结合自己的实际，对下列题目做出"是"或"否"的回答。

1. 我知道同伴将怎样做，他行事总是不出我所料。

---

① 刘郁：《人际交往自测与咨询》，浙江人民出版社 1999 年版，第 122 –124 页。

2. 我发现同伴是个完全可以依靠的人，尤其在遇到重大事件时。

3. 我同伴的行为变化莫测，我总是无法预料下一次他又会做出什么令我吃惊的事。

4. 尽管时间在不停地流逝，未来谁也无法把握，但我相信无论发生什么事，我的同伴都会给我力量。

5. 根据过去的经验，我无法完全信赖同伴对我的承诺。

6. 有时我很难绝对肯定同伴会一直照顾我，未来太不确定了，随着时间的流逝，我们的关系会发生很大的变化。

7. 我的同伴是个十分诚实的人，即便他说出令人无法相信的话，别人也会相信他说的是事实。

8. 我的同伴让人不易捉摸，人们有时无法确定他将如何行事。

9. 我的同伴已证明是一个可以信赖的人，无论他与谁结婚也绝不会做出不忠的事。

10. 我从不认为无法预测的冲突和紧张的局面会损害我们之间的关系，因为我们的关系能经受住任何暴风骤雨的考验。

11. 我对同伴的行为方式十分熟悉，他做事总会有一定的规矩可循。

12. 如果以前我从未与同伴共同面临某一特殊问题，我也许会担心他可能不顾我的感情。

13. 即使在熟悉的场合，我也不能完全肯定同伴会重复上一次的行为方式。

14. 面临未知的新环境，我感到十分安全，因为我知道同伴是决不会让我吃亏的。

15. 我的同伴并不一定是可以让人信赖的人，我能想起他好几次不可信赖的行为。

16. 想到我在两人关系上的感情投入，我偶尔会感到不舒服，因为我很难对未来完全放心。

17. 事实证明我的同伴过去并非总是值得信任，有几次我曾犹豫是否让其参加容易暴露我的弱点的活动。

18. 我的同伴行为具有连贯性。

得分计算与解释：第 1、2、4、7、9、10、11、14、18 题为"是"，第 3、5、6、8、12、13、15、16、17 题为"否"。每答对一题记 1 分，答错记 0 分，各题得分相加得总分。总分越高表明信任度越高。其中第 1、3、8、11、13、18 题的小计分数之和表示"对同伴行为的预测性程度"，第 2、5、7、9、15、17 题的小计分数之和表示"对同伴的依靠程度"，第 4、6、10、12、14、16 题的小计分数之和表示"对同伴的信赖程度"。

（二）真诚相伴

马克思曾经说过，真诚的、十分理智的友谊是人生的无价之宝。你能否对你的朋友守信不渝，永远做一个无愧于他的人，这就是你的灵魂、性格、心理以至于道德的最好考验。诚信是中华民族的传统美德，也是一个人安身立命的基本规范和行为准则。不论人与人的交往方式如何变化，面对面的或者虚拟网络的，真诚都是交往的前提条件。倘若一个人生活在欺上瞒下、尔虞我诈的环境中，他必然处处焦虑不安，把自己的内心世界封闭起来，就像在"白色恐怖"的世界里人人自危。曾参是春秋时期鲁国著名的思想家、儒学家，是孔子门生中七十二贤之一。有一次，他的妻子要到集市上办事，年幼的孩子吵着要去。曾参的妻子不想带孩子去，就哄孩子说："你在家好好玩，等妈妈回来，将家里的猪杀了煮肉给你吃。"孩子听后，非常高兴，不再吵着要去集市了。过后，曾参的妻子便忘了，但是曾参却真的把家里的一头猪杀了。妻子看着杀猪的曾参说："我只是为了孩子安心在家待着，才出此言，你怎么当真呢？"曾参说："孩子是不能欺骗的。孩子年纪小，不懂世事，只得学习别人的样子，尤其是以父母作为生活的榜样。今天你欺骗了孩子，玷污了他的心灵，明天孩子就会欺骗你，欺骗别人。今天你在孩子面前言而无信，明天孩子就会不再信任你。"这就是曾参烹彘的故事，告诉人们在人际交往中应诚实待人，不能说了做不到，甚至说谎。作为一个领导者，真诚就是一种美德，也是赢得追随的一种能力。本田公司创始人本田宗一郎曾经直言，"有人鼓吹为国家、为企业而死，莫忘公司之恩等，该让说这些话的家伙去死！我绝不要求员工'为公司干活'，我要他们'为自己的幸福打拼'。"正是因为他的真挚、坦诚，才吸引了一批又一批忠诚的追随者。

（三）合心合力

前两个方面均是普遍性的人际交往要求，而合心合力则主要反映在工作中的人际关系。马克思、恩格斯在《德意志意识形态》一文中指出，"作为确定的人、现实的人，你就有规定，就有使命，就有任务，至于你是否意识到这一点，那都是无所谓的，这个任务是由于你的需要及其与现存世界的联系而产生的。"美国加利福尼亚大学的学者做了这样一个实验：把6只猴子分别关在三个房间里，每间两只猴子。房间里分别放着一定数量的食物，但放置食物的高度不同。第一个房间的食物放在地上，第二个房间的食物从易到难悬挂在不同高度的适当位置，第三个房间的食物挂在房顶。数日之后，研究人员发现：第一个房间的猴子一死一伤，伤的缺了耳朵断了腿，奄奄一息；第三个房间的猴子也死了；只有第二个房间的猴子活得很好。为什么呢？究其原因，第一个房间的猴子一进房间看到地上的食物就大动干戈，结果死的死，伤的伤；第三个房间的猴子虽做了努力，但是因食物太高，难度太大，最终被活活饿死；第二个房间的猴子先是各自凭借自己的本领蹦跳得到食物，随着悬挂食物高度的增加，难度增大，两只猴子只有选择协作才能得到食物，一只猴子托起另一只猴子跳起取食，这样每天都能取得够吃的食物，合作让它们很好地活了下来。哈佛大学梅奥教授在霍桑工厂做了许多实验，如福利实验、照明实验、面谈实验、非正式团体实验等，都奠定了人际关系理论基础。特别是在非正式团体实验中，工人们为了保持"和谐"的人际关系，没有把工作效率提升到很高的水平，因为这样会让自己的工友受到惩罚和损失。对于组织而言，这是消极的一面。虽然我们不能为了交往，满足社会性需要而牺牲组织利益。但是，人际交往能力在职位分析中还是具有特殊地位。现在很多单位在入职考核中都非常看重应聘者的个性特点和合作精神。事实上，在单位里领导班子也是一个团队，建设合理的领导班子需要从个性特点角度考虑问题。如果把个性特点都比较突出、差异化非常明显的领导成员放在一个班子里面，很难形成融洽的人际关系。"搭台而不拆台"正是说明了领导班子建设过程中人际关系的重要性，关系融洽，合心合力，优势互补，才能实现高效能。

非正式团体实验[①]

在霍桑工厂的电话交换机布线小组里，有 14 名男性工人，一向都是根据小组集体的产量计算工资。实验中小组产量始终维持在一定水平而没有超过工厂规定的产量，但是就每个小组成员的生产能力来说，是完全可能超过他们目前的实际产量。比如，工厂给每个工人的定额是每天焊 7312 个接点，工人们却自行约定一个标准：6000～6600 个接点，既不多干也不少干。因为在他们眼里，多干了会导致工资率的降低或者作为计件工资基准的"标准"进一步提高，少干了会导致同伴遭受损失。如果哪个工人多干了，小组其他成员就会嘲笑、讽刺和"给一下子"（即用力击打一下违反"规范"工人的上臂）。这种"非正式团体"有其特殊的情感、规范与倾向，有时宁可拒绝物质利益的诱惑，也要形成小团体人际关系的和谐。

三、领导力本质是一种人际影响力

纵观当前理论界和实践领域热点，可以说，对领导力的探索兴趣和研究热情空前高涨。（David. D. D）大卫·戴等人在《领导力的本质》一书中阐述到领导力是一种影响力，而且人人都具有领导力，它打破了人们"只有领导者才具有领导力"这种固有观念。目前，政府管理和企业管理中都在积极开展基

---

① 朱永新：《管理心理学》（第 3 版），高等教育出版社 2014 年版，第 51 页。

于领导力的专门培训和开发，为组织绩效提升寻找新的增长点。事实上，领导力本质上强调的是一种人际关系，是一种想领导大家的人与选择领导者的人之间的关系。《领导力2030》一书中描述，未来领导者在面对个人主义兴起和数字化浪潮时，自己的私生活和公共生活之间的界限将越来越模糊化，需要与竞争对手和员工建立新型的关系。

首先，领导者与追随者之间本质上是一种人际关系。一个组织中同样人数的团队为什么有的效率高，而有的效率很低呢？这里面有很多因素影响的可能，但是有一个很重要的变量，就是人与人之间可以产生"化学反应"。有的团队将相不和、各自为政、相互诋毁，没有集体主义观念，成员们想到的都是多一事不如少一事，甚至劣币驱逐良币。而有的团队虽然整体力量弱小、资源匮乏、缺兵少将，但是"人心齐泰山移"，成员们异常团结和谐，以集体利益为重，取得一个又一个胜利。中国共产党创建之初仅有几十人，为什么能够发展成为超过9000万人（截至2019年底）的世界第一大执政党？全国人民心甘情愿地追随，离不开各级领导干部保持维护好他与自己追随者之间的这种和谐人际关系，从群众中来，到群众中去。毛泽东同志曾经精辟地指出，政治就是"要把我们的人搞得多多的，把敌人的人搞得少少的"。虽然和平年代不再需要政治运动，但是领导干部仍需要对人际关系影响力进行充分掌握与运用。

其次，变革时代需要治理智慧，柔隐化的领导艺术离不开良性人际互动。美国政治学家詹姆斯·麦克格雷格·伯恩斯（James MacGregor Burns）所提的变革领导理论告诉我们，在不断变革的内外部环境和多元化时代背景下，"领导不同于管理"

的观念正逐渐融入到治理理念之中。领导者在引导下属完成各项工作之外，还需要以个人的魅力激励和关怀下属，变革他们的工作态度、信念和价值观，使他们产生更大的归属感，满足他们更高层次的需要。领导者通过理想化影响力、鼓舞性激励、个别化关怀、智力激发，都能够唤起下属强烈的价值观和理想，激励他们超越个人利益，并在组织变革的潮流中进行适应性领导，不断改善人际关系和沟通模式，明晰团体规范和角色行为，突出领导职能的特征——"有机的情感非逻辑"。许多著名的企业都在花大力气塑造和宣传企业文化，不是靠冰冷的、带有强制力的手段去管理员工，而是靠提升自身的企业之魂，从更为长远的发展战略来解决管理中人的组织认同和价值观、使命感问题，更好地凝心聚力，实现员工的潜力激发和价值升华。

最后，平民化的领导艺术聚焦于人际影响力。领导艺术的最高目标无外乎达到追随者的极力追随。随着网络化、民主化进程的不断推进，领导者与追随者之间的界限逐渐模糊化，甚至出现"替代"现象。平民化是有效领导的重要方法，也是现代领导发展趋势之一[①]。所谓软权力，是与硬权力相对的概念，后者强调的是组织赋予的法定权力，具有强制性和约束性，而软权力更多强调平等化管理，人与人之间交流的艺术性以及看重关系如何而非权力多大。这就说明了上下级关系的和谐融洽，人际影响力日益凸显的重要性。美国哈佛大学教授罗杰·费希尔（Roger Fisher）和艾伦·夏普（Alan Sharp）在《横向

---

① 刘峰：《简约领导》，国家行政学院出版社 2012 年版，第 4 页。

领导力》一书中直言不讳说，真正的领导者不需要职位①。改善与人合作的方式，影响他人靠的是营造一个上下级和同事之间相互支持、相互反馈的氛围。每个人都有"受重视的愿望"，人类天性中最深刻的动机是渴望被赏识，横向领导力突出的正是如何靠环境营造和人性回归，站在他人的立场上，激发他人的渴望来实现真正的双赢。

　　自我评定：你的人际关系融洽吗？②

　　请仔细阅读下列 16 个问题，每一个问题后面都有 A、B、C 三种答案，请你按照自己的真实情况任选其一。

　　1. 在人际关系中，我的信条是：

　　A. 大多数人是友善的，我将选择善良者而交友（3 分）

　　B. 人群中有一半是狡诈的，一半是善良的，我将选择善良者而交友（2 分）

　　C. 大多数人是狡诈虚伪的，不可与之为友（1 分）

　　2. 最近我新交了一批朋友，这是：

　　A. 因为我需要他们（1 分）

　　B. 因为他们喜欢我（2 分）

　　C. 因为我发现他们很有意思令人感兴趣（3 分）

　　3. 外出旅游时，我总是：

　　A. 很容易交上新朋友（3 分）

　　B. 喜欢一个人独处（2 分）

---

　　① ［美］罗杰·费希尔、艾伦·夏普：《横向领导力》，刘清山译，北京联合出版公司 2015 年版，第 1 页。

　　② 肖沛雄、陈国海等主编：《大学生心理与训练》，中山大学出版社1999 年版，第 112 页。

C. 想交朋友，但又感到很困难（1 分）

4. 我已经约定要去看望一位朋友，但因为太累而失约了。在这种情况下，我感到：

A. 这是无所谓的（1 分）

B. 有些不安，但又总是在自我安慰（2 分）

C. 很想了解对方是否对自己有不满意的情绪（3 分）

5. 我结交朋友的时间，通常是：

A. 数年之久（3 分）

B. 不一定，合得来的朋友能长久相处（2 分）

C. 时间不长，经常更换（1 分）

6. 一位朋友告诉我一件极其有趣的个人私事，我是：

A. 尽量为其保密（2 分）

B. 根本没有考虑过要继续扩大宣传此事（3 分）

C. 当朋友刚一离去，随即与他人议论此事（1 分）

7. 当我遇到困难时，我：

A. 通常是靠朋友解决的（1 分）

B. 要找自己可依赖的朋友商量办（2 分）

C. 不到万不得已，绝不求人（3 分）

8. 当朋友遇到困难时，我觉得：

A. 他们大都喜欢来找我帮忙（3 分）

B. 只有与我关系密切的朋友才来找我商量（2 分）

C. 一般都不愿意来麻烦我（1 分）

9. 我交朋友的一般途径是：

A. 经过熟人的介绍（2 分）

B. 在各种社交场所（3 分）

C. 必须经过相当长的时间，并且还相当困难（1 分）

10. 我认为选择朋友的最重要的品质是：

A. 具有能吸引我的才华（3 分）

B. 可以依赖（2 分）

C. 对方对我感兴趣（1 分）

11. 我给人们的印象是：

A. 经常引人发笑（2 分）

B. 经常在启发人们去思考问题（1 分）

C. 和我相处时别人会感到舒服（3 分）

12. 在晚会上，如果有人提议让我表演或唱歌时，我会：

A. 婉言拒绝（2 分）

B. 欣然接受（3 分）

C. 直截了当地拒绝（1 分）

13. 对于朋友的优缺点，我喜欢：

A. 诚心诚意地当面赞扬他的优点（3 分）

B. 会诚实地对他提出批评意见（1 分）

C. 既不奉承，也不批评（2 分）

14. 我所结交的朋友：

A. 只能是那些与我利益密切相关的人（1 分）

B. 通常能和任何人相处（3 分）

C. 有时愿与同自己相投的人和睦相处（2 分）

15. 如果朋友和我开玩笑（恶作剧），我总是：

A. 和大家一起笑（3 分）

B. 很生气并有所表示（1 分）

C. 有时高兴，有时生气，依自己当时的情绪和情况而定
（2 分）

16. 当别人依赖我的时候，我是这样想的：

A. 我不在乎，但我自己却喜欢独立于朋友之中（2分）

B. 这很好，我喜欢别人依赖于我（3分）

C. 要小心点！我愿意对一些事物的稳妥可靠持冷静、清醒的态度（1分）

根据你所选择的答案，找出相应的分数，将16个题的得分累加起来，这个总分数值可以大致评定你的人际关系是否融洽。38～48分，说明你的人际关系是很融洽的，在广泛的交往中很受众人的喜欢；28～37分，说明你的人际关系并不稳定，有相当数量的人不喜欢你；16～27分，说明你的人际关系是不融洽的，你的交往圈子确实太小了。

第二章

人际交往与干部心理健康

一位心理学家曾经说过，研究人际关系的兴趣日益高涨的原因之一，是发现了协调人际关系有利于生活幸福、心理健康和身体健康。作为一种社会性动物，人必须满足基本的社会性需求，才能形成判断事物的标准和获得社会认同。《鲁滨孙漂流记》中描述了鲁滨逊在孤岛上生活28年的艰苦经历，在面对陌生环境时的惶恐以及后来以抓来的小动物为伴，深刻揭示了内心的苦闷焦灼，特别是生大病时的孤立无援，与鹦鹉为伴的互动慰藉，与野人为友的心理满足感……这些都刻画了一个人的人际交往缺失与获得的鲜明对比。加拿大心理学家贝克斯顿（Bexton）等人在1954年做过这样一个实验，让大学生被试不接触外界信息，甚至部分丧失一些感觉体验。结果发现，缺少了必要交流和感觉刺激的环境会让人出现注意力下降、思维活动不稳定以及幻觉等负面影响。北京回龙观医院心理危机研究与干预中心曾经介绍称，从开办到现在，心理热线已经为13万多有心理咨询需求的人提供帮助。据最新数据显示，生活、职场等面临的人际问题是现在打进热线最多的问题，占总体的28%。

麦克吉尔实验

1954年，加拿大心理学家贝克斯顿在麦克吉尔大学进行了首例感觉剥夺实验。在支付大学生每天20美元的报酬（当时大学生打工1小时大约只能挣50美分）后，让他们待在缺乏刺激的环境中。在隔音室里让被试戴上特制的半透明塑料眼镜，并且手和臂上都套有纸板做的手套和袖头，静静地躺在舒适的帆布床上什么事也不做。面对丰厚报酬的诱惑，很多大学生都踊跃报名，认为这是一个赚钱的好机会，还可以好好睡一觉。

但是，实验结果却令人吃惊：没过几天，这些大学生被试就纷纷退出。因为他们在这个环境里感到非常难受，无法进行清晰的思考，哪怕是在很短的时间内注意力都无法集中，思维活动似乎总是"跳来跳去"。更为严重的是，50%的人出现了幻觉，包括视幻觉、听幻觉和触幻觉。实验表明，丰富的、多变的社会环境刺激是人生存的必要条件，在被剥夺感觉之后人会产生难以忍受的痛苦，各种心理功能也会受到不同程度的损伤。

一、领导干部的人际适应

不管对于什么工作来说，人际关系都非常重要。良好的人际关系有利于我们保持好心情，也使得我们的工作态度不受消极影响。现在有一些人生病了，不是身体器官生病或者精神心理疾病，而是人际关系"病了"。当前，人际适应已作为衡量一个人健康的重要指标，领导干部在很多人际关系方面也存在苦恼。人际适应是指一个人在处理人际问题的过程中，为了与环境取得一种和谐的关系，从自身心理或行为上进行的一些调整与改变。人际适应状况取决于两个指标：一是人际需求的程度；二是现实条件中人际交往的满意度。人际需求具有个体的差异性，不同气质类型的个体人际需求不同。比如，一个多血质气质类型的人，他人际交往频繁，能够产生较为持久的活力和与外界信息交流反馈的行为表达。而抑郁质气质类型的个体，则把交流指向内部自我，喜欢安静，不喜欢人多热闹的场合，他的人际需求就没有那么强烈。在现实环境中，每个人都想获得一定的人际互动，或多或少，但内心会评判这种交往行为带来的心理体验。来自某大型保险公司的一项研究结果显示，2017 年中国大陆人际关系亲密指数得分为 54 分（满分 100 分）。该分数表明，中国受访者在人际关系中获得的满足感仅达到了自己需求的 54%，与理想水平存在近一半的差距。因此，国内许多人群的人际适应状况堪忧。

（一）行政文化环境

文化本身对于一个人具有持久影响力，而行政组织文化对组织及其成员的行为、态度以及情感产生重要影响。由于受西方科层制思想的影响，我国领导干部管理制度中明确了不同职务层级。以国家公务员为例，新修订的《中华人民共和国公务员法》规定，领导职务层次共分为十种，具体为：国家级正职、国家级副职、省部级正职、省部级副职、厅局级正职、厅局级副职、县处级正职、县处级副职、乡科级正职和乡科级副职。综合管理类公务员在厅局级以下设立相应的职级序列情况（更多体现的是激励功能）。每一职务层级需要对上一层级负责，上一层级也对下一层级进行指导。而机关事业单位是一个整体，其运行机制在于自上而下的指令传递。因此，做事非常强调程序，遵章严谨，有时也显得比较机械呆板。央视春晚曾经播出一个相声叫《小偷公司》，相声演员牛群和冯巩话里行间描述了小偷公司开会层层报批，以致效率低下，讽刺了当时一些体制内的官僚风气。这在某种程度上也说明了机关单位工作上存在办事程序过严，缺少灵活性和弹性的问题。

此外，机关单位工作中有时会做一些简单重复性的事情。在职业人群当中很多是有思想、有冲劲的，但是工作内容往往过于单一，特别是当没有挑战性的工作任务时，他们就容易产生工作倦怠并丧失职业兴趣。比如，饱受诟病的机关文风问题，在党的群众路线教育实践活动中进行了集中整治。事实上，机关公文格式各有要求，不尽相同。靠"党八股"发一些脱离实际的文件，本身就是作风不实的一种表现，也使得机关工作人员觉得无事可干，因为他们要干的事情别人已帮他们做完，自己只要汇总上报就可以了。再者，机关单位中沟通交流是一种常态。上下级单位的关系自不必多说，存在指导与被指导的关系。在本单位的上下级更是频繁地沟通，向上级请示汇报是沟通，对同事交流帮助是沟通，对下级引导教育，甚至批评也是沟通。职能接近，或者业务联系紧密的单位，也常常在一起共同交流。比如公检与司法部门，前者立案侦查、起诉监督，后者审判执行、监狱管理。也就是说，一个人犯了罪，从立案到伏法需要很多程序性的工作，离不开这些部门的沟通合作。在任务传达和工作布置上，机关单位也经常以会议的形成进行"沟通"，通过不停地"说"解决问题和达成目标。这种"说"本质上是一种关系，有时"先说再做"，有时"先做再说"。"说"的过程就是互动的过程，解释一项工作的背景与意义、目标与任务、效果与问题，等等。

（二）人际压力问题

领导者存在着来自家庭亲情、单位同事、社会关系等方面的人际压力，由于受亲朋好友等人情关系的牵制以及对家庭成员的愧疚，常使得领导者的焦虑感大增。而在单位里，上级对下级的批评有失公允，或同级同事之间出现意见分歧，抑或下属没能按时完成任务等，都可能产生人际关系紧张，导致人际压力。一般来说，干部人际交往的频度和广度都应该是普通人不能相比的，承担的人际压力自然也大。其实，人际压力的内在原因之一是人的适应本能。试想在原始社会里，人们聚集在一起才可以捕猎、防御野兽和养育后代等，而当一个人不能在群体里被接纳，他就会处于非常危险，甚至死亡的境地。管理活动中人际沟通是必不可少的技能，也是提高管理绩效的重要保证。领导干部不能成为光杆司令，而应该与各种人形成人际互动。但是，实际情况也出现了另外一面。英国牛津大学人类学学者罗宾·邓巴（Robin Dunbar）在 20 世纪 90 年代提出"邓巴系数"，即我们大脑可以掌握的维持人际关系的人数上限。研究发现，我们平均每个人有大约 3 ~ 5 名至爱亲朋，10个关系比较好的朋友，30 ~ 35 名经常接触的人和上百名认识的人。也就是说，我们平常大约和 150 人会有联系。"现在我们的理论预言并潜在地论证了，具有高认知能力的人可以扩大其人际关系。"该项目研究人员之一，西班牙卡洛斯三世大学数学系教授安克索·桑切斯（Anxo Sanchez）表示。这种情况同时也适用于小集体：当人际关系几近饱和，已经存在的朋友关系会更加密切。研究人员同时表示：类似的现象也可以逆发生。"我们不可能和所接触的 150 人都有着密切的关系。因此，如果一个人的人际网过广，代价就是几乎所有的关系都只是泛泛之交而已。"在不同人际角色间进行转换，特别是"中央八项规定"出台之前，人际交往经常夹杂着各种场合的应酬，使得领导干部疲于应对各种人际关系，因受累于各种人际交往部分领导干部也不同程度地出现心理压力和社交焦虑等问题。

（三）人际适应障碍

由于社会变革速度的加快，人们对环境适应的周期在缩短，有时候好不容易建立起来的平衡适应模式，没多久就被打破了，又需要新一轮的重新适应。周而复始，人们长时间都处于动态调整期，存在很大的心理压力。作为一个管理者，不仅要管好自己，还要不断地向上级请示、与同级商量、协调下级，"迎来送往、接待来访""左右逢源、四处结缘"曾被视为一些领导干部人际互动的真实写照。领导干部需要重视各方面的沟通、平衡、协调和应酬，重视构建与上级、下级、同事间的人际关系。但是，随着人际交往的广度和频度不断扩大变多，领导干部的无形心理压力逐渐变大。一是领导干部由于人际交往而引发的焦虑问题不容忽视。《国际先驱导报》曾经发表一篇文章指出，政治精英存在明显的人际焦虑症。文章中描述了一个小有名气的地方官员，工作能力突出得到上级领导赏识，30 多岁有好房、好车和漂亮的妻子，现代都市人的各项追求都已达到，甚至过剩。但是当问及"你幸福吗?"的问题时，他却使劲摇头。他解释道，机关的生活相对刻板一些，"而且人与人的关系很难处理。你的能力虽然很重要，但是人际关系也是一项决定性的因素，所以每天下班回来，觉得心理异常疲惫，每到周日，都心情郁闷，害怕周一到办公室上班"。交往随之而来的金钱和美色的诱惑，以及来自各方面的社会舆论、社会反响与评价，都会让领导干部出现胆战心惊、如履薄冰等焦躁不安情绪和精神紧张、思想焦虑等问题。二是领导干部由于人际沟通不畅而引发的抑郁问题值得关注。根据中央国家机关职工心理健康咨询中心的数据统计结果，2009—2016，全国共有 243 名领导干部自杀，而自杀原因多半被明确诊断为抑郁。事实上，不管是领导干部上行沟通、平行协调和下行激励都离不开良好的人际交往，人际导向是赢得上级满意、同事理解、下级配合，推进工作顺利开展的重要利器。过度的交往使得领导干部人际负重比较大，再加上工作压力增加、升迁晋升压力加剧、家庭生活矛盾突出等问题，轻则影响领导干部心情烦躁或低落，工作效率下降；重则使领导干部心理发生扭曲，进而出现抑郁自杀等不健康的行为。

二、领导干部的孤独体验

美国心理学家莱维斯（Lewis）和维格尔特（Weigert）认为，人际信任的两个重要维度就是理性和情感，随着社会结构的变化和社会流动性的增加，越来越多的人际关系是以理性信任为主而非情感信任。"孤独"一词主要是指一种主观自觉与他人或社会隔离与疏远的感觉和体验，人们常常把它与孤寡无助、形单影只、失意落魄等词汇联系在一起，因为它容易导致生存空间和生存状态的自我封闭。事实上，孤独源自内心，孤独感是一种重要的心理保护机制，它是一种信号，提醒人们做更多积极的事情。在日常生活中，个体必须积极处理交往需要与独处需要的平衡，对于交往性的刺激，个体也需要保持一个最佳水平。

一名基层纪检干部的孤独①

一名县纪委的工作人员，性格开朗，爱交友、爱笑、爱

----

① 张亚云：《一名基层纪检干部的孤独》，《共产党员》（河北）2017 年第 2 期，第 35－36 页。

闹、爱说话，是朋友眼中的"话痨"。由于职业原因，她经历了从刚开始的感到孤独、感受孤独、适应孤独，到最后享受孤独的心路历程。2012年，被调到县纪委工作。朋友小聚时，对她的新工作充满好奇，不停地问这问那。限于工作纪律，很多问题她不能回答；限于岗位职责，很多问题她不可以回答。朋友觉得她"不够朋友"，她也因此烦心、不适，后来她开始害怕各种聚会。渐渐地，朋友有些疏远，朋友圈越来越小，她开始感到孤独。第二年，在参与案件查办的过程中，她的工作经常得不到调查对象的理解，多次听闻调查对象在背后对她无端谩骂和种种威胁。各种烦躁、郁闷、苦恼……她被一系列负面情绪所困扰，因为不愿听到那些让自己内心饱受痛苦和折磨的恶毒语言，她变得更加不愿出入公共场合。生活变得只在家与单位两点一线间往返，她从内心最深处感受着自己的孤独。第三年，她的工作越来越忙，朋友习惯了她的"十约九不来"。繁忙中，她忘了去想自己的孤独。工作之余，唯一的消遣就是看书，一年竟然看了67本书。拥抱孤独时，她更充实，对她来说孤独只是一个心灵符号，自己在不知不觉中适应着孤独。第四年，她不参与聚会、少些应酬，用更多的时间去思考和观察身边的事物。年年岁岁都经历的景色，在她眼里从未如此真切。她独自沉醉在自己的孤独中，享受着这份孤独、恬静与自由。

有些领导干部由于知识背景、自身阅历、实践经验不尽相同，很难在工作中拥有完全一致的"声音"，无法找到"知己"，进而感到孤立无援。领导干部在多角色压力下，容易出现沟通不畅、自我封闭等问题，没有知心朋友、不被家人理解而变成"孤家寡人"。中国科学院心理研究所的专家对中央机关青年干部心理健康状况进行调查，发现在人际关系方面，有接近三分之一的青年干部感觉到人际关系相对比较难以处理，会感觉到有一些孤独感，没有彻底交心说话的人。人民网在进行基层干部状况调查时，就"当我孤独的时候在想些什么"这个话题采访了一个名叫林凯的社区书记，因为四年多的基层工作让29岁的他异常繁忙而无暇相亲，最关键的是单位里"可以交流的人太少了，身边的同事大都是40～50岁的大叔、大妈，很难找到共同的话题"。当人们遇到压力问题、适应问题和情绪问题等，都会产生心理冲突，除了需要寻求内心的平衡之外，还可以借助"外力"，如朋友、同学和家人等。但是，从社会传统认知来看，领导干部都是"钢铁战士"，不应该存在心理困惑和孤独心态。这种刻板印象对于领导干部缓解孤独体验起到消极影响。中科博爱心理医学研究院院长傅春胜曾告诉媒体称："亲自上门来做心理咨询的公务员比例很小，但他们的电话热线咨询很普遍，尤其是一把手，往往都不好意思来。像这种秘密咨询的电话量相比前几年要增大四五倍左右。"2018年5月，在中共中央办公厅印发的《关于进一步激励广大干部新时代新担当新作为的意见》文件中已明确，要满怀热情关心关爱干部，关注心理健康。积极搭建多种心理咨询专业平台，为干部提供正规有效的咨询，有助于实现个性化心理救助。

三、领导干部的情绪传染

情绪具有传染性，如同病毒，由人传染给人，还可能传染给动物，或者无生命的物体。情绪传染也叫作情绪链，它是指一个人的坏心情会影响几个人的好心情。美国俄亥俄州大学社会心理生理学家约翰·卡西波（John Casepo）指出，人们之间的情绪会相互感染，看到别人表达情感就会引发自己产生相同的情绪，尽管你并不自觉地模仿对方的表情。心理学上有一个定律叫"情绪转移定律"，指的是人们把自己的情绪转移给他人的特性。情绪转移被认为是人们常用的一种心理防卫机制，通常表现为把自己对某一对象的愤怒或者喜爱之情，由于某些原因无法直接向对象进行发泄，进而将这种情绪转移给比自己级别更低的对象身上，从而缓解自己的心理焦虑和心理压力。研究发现，坏情绪与细菌病毒一样具有较强的传染性，传染速度也非常快。美国洛杉矶大学医学院的心理学家加利·斯梅尔将一个乐观开朗的人和一个整天愁眉苦脸、抑郁难解的人放在一起，不到半个小时，这个乐观的人也变得郁郁寡欢起来。加利·斯梅尔（Galli Smale）随后又做了一系列实验证明，一个人只要20分钟就可以受到他人低落情绪的传染。一个人的敏感性和同情心越强，越容易感染上坏情绪，这种传染过程是在不知不觉中完成的。外国有对"踢猫效应"做了巧妙解读的一个连环画：有个小男孩儿心情不好，在路边遇到一条小狗，便狠狠踢去，吓得小狗狼狈逃窜；小狗无端受了惊吓，见到一个西装革履的老板便汪汪狂吠；心情不好的老板在公司里逮住他的女秘书大发雷霆；女秘书回家后把怨气一股脑撒给了莫名其妙的丈夫；第二天，这位身为教师的丈夫如法炮制，对自己一个不长进的学生一顿臭批；于是挨了训的学生，也就是在这之前所说的那个小男孩儿就怀着一种很恶劣的心情回家了，在回家的路上又碰到了那只小狗，于是他二话不说，又是一脚踹向了那只狗……

雷格斯商务中心（Regus）曾经开展过一项涉及100个国家、2.2万多名员工的调查，结果显示，员工压力水平正在上升。超过一半（53%）员工表示，他们的职业倦怠感比5年前更强。压力会传染，幸福感也一样：如果团队中一名成员感觉良好，其正面效果似乎会影响整个团队。盖洛普公司（Gallup）的一项调查研究显示，如果团队成员表示自己感觉不错，6个月后团队中其他成员职场得意的可能性高出20%。这个结果给我们的启示是，要理解并重视那些能够提升个人和团队幸福感的活动，包括提供个人发展工具（如正念和复原力培训等），明确地鼓励员工花时间进行锻炼或其他恢复性活动（如行走式会议），或者任务交付日程中留出缓冲时间，以便员工灵活安排工作。

对长老的惩罚

在一个安息日，一位长老很想去打高尔夫球，但犹太教义有规定，信徒在安息日必须休息，什么事都不能做。这位长老却还是忍不住，决定偷偷跑去高尔夫球场，心想打9个洞就好了。由于安息日犹太教徒都不会出门，球场上一个人也没有，因此他觉得不会有人知道自己违反规定。然而，当他在打第2洞时，却被天使发现了，天使生气地到上帝面前告状。上帝听后表示，会好好惩罚这位长老。第 3 个洞开始，这位长老打出超完美的成绩，几乎是一杆进洞。他兴奋不已，当打第 7 个洞时，天使又跑去找上帝："上帝呀，您不是要惩罚长老吗？为何还不见有惩罚？"上帝说："我已经在惩罚他了。"直到打完第 9 个洞，长老还是一杆进洞。因为打得太神乎其技了，长老欲罢不能，决定再打 9 个洞。天使又去找上帝了："到底惩罚在哪里？"上帝只笑不语。打完 18 洞，成绩比任何一位世界级的高尔夫球手都优秀，把长老乐坏了。天使很生气地问上帝："这就是您对长老的惩罚吗？"上帝说："正是，你想想，他有这么惊人的成绩和兴奋的心情，却不能跟任何人说，这不是最好的惩罚吗？"

当领导干部把坏情绪带进工作中无端批评下属，或者带进家庭里怒对家人，都是情绪传染的具体反映，能够引起对方不良态度的反应，影响良好人际关系的建立。而事实上，心理学家认为解决"情绪转移"有两种途径，一种是消极情绪转移，即把自己内心的压力通过偏激的方式转嫁到他人身上，这种方法虽然达到发泄自己坏情绪的目的，同时也对其他人造成了伤害；另外一种是积极情绪转移，好的情绪也是可以传染的，常言道"快乐与人分享，变成两份快乐"。正面的快乐情绪是一种不加修饰的、纯真的、自然的内在心理体验。英国著名科学家迈克尔·法拉第（Michaed Fareday），年轻时由于工作紧张神经失调，身体虚弱，他去看医生，医生没开药，只留下一句话："一个小丑进城，胜过一打（一打＝12 个）医生。"法拉第仔细琢磨，悟出真谛，从此经常抽空去看戏剧、马戏和滑稽戏。不久健康状况大有好转。试想一位领导干部从上班到下班，他一直面带微笑，不管工作中有多少压力和困难，他都情绪高昂，似乎快乐地享受一切过程，他的这种快乐感可以感染给单位部门的每一个人，下属体验到那种快乐感，就愿意和他一起分享更多快乐，所以单位里的气氛更为友好、活跃。

自我评定：人际关系综合诊断测评[①]

指导语：本量表共 28 个问题，每个问题做"是"（打√）或"否"（打×）回答。请你根据自己的实际情况进行作答。

1. 对自己的烦恼有苦难言。

2. 和生人见面时感觉不自然。

3. 过分羡慕和妒忌别人。

4. 与异性交往太少。

5. 对连续不断的会谈感到困难。

6. 在社交场合感到紧张。

7. 时常伤害别人。

8. 与异性来往感觉不自然。

9. 与一大群朋友在一起常感到孤寂或失落

10. 极易受窘。

11. 与别人不能和睦相处。

12. 不知道与异性相处如何适可而止。

13. 当不熟悉的人对自己倾诉他的生平遭遇以求同情时，自己常感自在。

14. 担心别人对自己有什么坏印象。

15. 总是尽力使别人欣赏自己。

---

① 郑日昌：《大学生心理诊断》，山东教育出版社 1999 年版，第 199 - 201 页。

16. 暗自思慕异性。

17. 时常避免表达自己的感受。

18. 对自己的仪表（容貌）缺乏信心。

19. 讨厌某人或被某人所讨厌。

20. 瞧不起异性。

21. 不能专注地倾听。

22. 自己的烦恼无人可申诉。

23. 受别人排斥与冷漠。

24. 被异性瞧不起。

25. 不能广泛地听取各种意见、看法。

26. 自己常因受伤害而暗自伤心。

27. 常被别人谈论、愚弄。

28. 与异性交往不知如何更好地相处。

评分解释：在总分方面，0～8分，说明你善于交谈、性格开朗、主动关心别人，对周围的朋友很好，很愿意与他们在一起，关系相处融洽；9～14分，说明你与朋友相处有一定的困扰，与朋友的关系时好时坏，常处于起伏变化之中；15～28分，说明你在与朋友相处时存在严重困扰，如果超过20分，则表明你可能不善于交谈，人际关系行为困扰程度很严重，这也可能与你性格孤僻，或者自高自大有关。

第1、5、9、13、17、21、25题的小计分数之和表示你在交谈方面的行为困扰程度。0～2分，表明你有较高的交谈能力和技巧，善于利用恰当的谈话方式来进行交流思想感情，因此在与别人建立友情方面，往往会比较成功；3～5分，表明你交谈能力一般，会诉说自己的感受，但不能讲得条理清晰；努力使自己成为一个好的倾听者，但还是做得不够。如果与对方不太熟悉，开始你往往表现得拘谨与沉默，不大愿意跟对方谈；6分以上，表明你不善于交谈，只有在极少数的情况下才与别人交谈，总难于表达自己的感受，无论是愉快还是烦恼，不是一个很好的倾听者，往往无法专心听别人说话或只对单独的话题感兴趣。第2、6、10、14、18、22、26题的小计分数之和表示你在交际与交友方面的困扰程度。0~3分，表明你对人较为真诚和热情，你的人际关系和谐，不存在明显的行为困扰；3~5分，表明你在被动地寻找被人喜爱的突破口。你不喜欢独自一人，需要与朋友在一起，但你又不大善于创造条件并积极主动地寻找知心朋友，并且你担心在主动行为后的"冷"体验；6分以上，表明你在社交活动与交友方面存在着较大的行为困扰，这让你陷入"感情危机"和孤独困窘的状态。第3、7、11、15、19、23、27题的小计分数之和表示你在待人接物方面的困扰程度。0~3分，表明你比较尊重别人，敢于承担责任，对环境的适应力比较强；3~5分，表明你是个多侧面的人，对待不同的人，有不同的态度，你讨厌某人或被某人所讨厌，但却极喜欢另一个或被另一个人所喜欢。你的朋友关系某些方面是和谐的、良好的，某些方面却是紧张的、恶劣的。因此，你的情绪很不稳定，内心极不平衡，常常处于矛盾状态；6分以上，表明你缺乏待人接物的机智与技巧。在日常交往中，你也许会有意无意地伤害别人，或者过分地羡慕别人以致内心妒忌。第4、8、12、16、20、24、28题的小计分数之和表示你跟异性朋友交往的困扰程度。0~2分，表明你懂得如何正确处理与异性之间的关系，对异性持公正的态度，能大方、自然地与他们交往，因此无论是同性朋友还是异性朋友，多数人都会比较喜欢你；3~4分，表明你与异性交往的行为困扰程度一般，有时你可能会觉得与异性交往是一种愉快的事，有时又会认为这种交往似乎是一种负担，无法把握与异性交往的度；5分以上，表明你在与异性交往的过程中存在较为严重的困扰，可能你有过分的思慕异性或者对异性持有偏见，因此，你可能会因为不知道如何把握好与异性交往的分寸而陷入困扰之中。

第三章

领导干部人际交往纠偏

人际交往是一个人社会化的基本途径，不管与亲人、朋友、老师还是同事，交往让人更加明白其存在的价值和意义，以及不同个体的生活习惯、兴趣爱好、价值追求等，让我们自己懂得人性的差异和人与人之间的相互尊重、理解、支持的重要性。领导干部作为从事管理活动的"关键少数"，交往的频度和广度都是比较高和广的，人际交往具有一定的独特性。此外，也因为权力在手，一些领导干部可能会被人际交往中的利益诱惑所"打倒"，主动或者被动落入庸俗人际关系的陷阱，在交往过程中迷失方向。

一、人际关系的基本类型

现实生活中，人际关系是多种多样的，按照不同的标准，有着不同的人际关系类型划分。一是按照人际关系范围的大小，可以把人际关系分为三种类型，即个人与个人之间的关系、个人与群体之间的关系、群体与群体之间的关系。作为个体间的关系，仅发生在两者之间，形式较为简单，如父（母）子（女）关系、夫妻关系、姐妹关系、兄弟关系、师生关系等。而个体与群体、群体与群体之间的关系则较为复杂，可以同时发生，表现为个体与单位内群体的关系、个体与单位外群体的关系，也可以表现为不同群体之间关系，如民族关系、种族关系等。二是按照人际关系的基础，可以把人际关系分为两类，即工作关系和感情关系。工作关系主要强调以工作交往、工作联系为基础而建立起来的人际关系，如同事关系、上下级关系等。而感情关系则突出以感情交往为基础建立起来的人际关系，很多家庭关系都属于此种类型，但是同事与同事之间、领导与下属之间也存在这种关系。三是按照人际关系的性质，可以把人际关系分为积极型人际关系和消极型人际关系。所谓积极型人际关系，就是这种关系带来积极的愉悦体验或者能够达到预期的交往目的，可以按其程度不同再细分为协调、友好、亲热等几个等级。消极型人际关系则表现为与交往双方的愿望相背离，产生不高兴，甚至痛苦体验，可以按其程度再细分为不协调、紧张、敌对等几个等级。四是按照人际关系的长短，可以把人际关系分为长期人际关系和短期人际关系。长期人际关系有父母与子女的关系、师生之间的关系、亲朋好友间的关系等形式，而短期人际关系有服务员与消费者的关系、顾客与顾客之间的关系等形式。但是有些短期人际关系可以向长期人际关系转变，由于一次交往而产生了好感，也能够从客户关系发展为朋友关系。五是按照人际关系的测度，可以把人际关系分为横向人际关系和纵向人际关系。一般来说，横向人际关系主要体现在同一层次的人际交往，比如同事关系、同学关系、战友关系等，这类人际关系的情感基础比较重要。纵向人际关系则主要体现在不同层次之间的人际关系，由于分工不同和工作岗位职务等的差异而形成的上下级关系，就是典型的纵向人际关系。

二、人际交往模式分析

2014年，习近平总书记在同中办各单位班子成员和干部职工代表座谈时指出，"在现实生活中，必要的人际交往是不可避免的，工作生活中都会发生大量人际交往，但是交往要有原则、有界线、有规矩，低调为人、谨慎交友，自觉净化自己的社交圈、生活圈、朋友圈。"不管与民营企业家、媒体人、知识分子、文艺工作者、党外人士交往，领导干部结朋交友都不是个人小事私事，它事关用权是否公正、从政是否清廉，形象是否挺立。社会心理学研究表明，由于个体的需要、动机、认知内容和思想、态度各不相同，因此会形成不同的人际关系基本取向。不同的人际交往模式能够体现干部作风和党性修养，也是检验他们是否清正、是否执政为民的"试金石"。美国社会心理学家李雷（N. Lelandl）运用统计方法对几千份人际关系研究报告进行研究，全面分析了人际交往的行为，并把它归纳总结为八种模式，具体如表3-1所示。

表3-1　人际交往的行为模式

类别	一方的行为	另一方的反应
1	管理、指导、劝告、教育	尊敬、顺从
2	帮助、支持、同情	信任、接受
3	赞同、合作、友好	协助、友好
4	尊敬、信任、赞扬、求助	劝导、帮助
5	怯懦、礼貌、服从	骄傲、控制
6	反抗、怀疑、厌倦	惩罚、拒绝
7	攻击、惩罚、责骂	仇恨、反抗
8	夸张、拒绝、炫耀	不信任、自卑

根据加拿大心理学家艾瑞克·伯恩（Eric Berne）在《人们玩的游戏》（Game People Play）一书中的观点，当一个人对另一个人做出回应，不管是主动的还是被动的，都存在一种社

会交互作用。他从个人"自我"的角度把人分为三种状态，即"父母"（parent）、"成人"（adult）、"儿童"（child）。这三种状态交互存在于每个人的身上，也由此构成了人的多种天性。由此，形成了常见的十种人际交往模式，即PP对PP型（双方都表现出一种颐指气使的武断）、AA对AA型（双方都理智相待）、CC对CC型（双方都易诉之于感情）、PC对CP型（双方表现出权威和服从）、CA对AC型（一方孩子气另一方理智）、PA对AP型（一方理智，但担心控制不住自己，要求另一方监督）、PC对AA型（一方理智另一方高压方式对待）、CP对AA型（一方理智另一方感情用事）、PC对PC型（一方命令另一方不服）和CP对CP型（双方都把对方作为权威而服从）。由于P心态者在交流内容上具有合理性、情感上是命令式，A心态者在交流内容上同样具有合理性、情感上是协商式，以及C心态者交流内容上具有随意性、情感上任意发挥，下面结合领导者的工作实际，简单介绍三种较为典型的人际交往模式。

（一）家长式交往

有一种说法，领导是一种镶嵌在文化底下的特定行为。相对于西方国家，我国管理领域多见于家长式领导行为，即采用"恩威并施"的管理方式和交往模式，领导者在充分关怀的基础上，保持一定的权威性。领导者扮演"家长"角色，而下属则扮演"子女"角色。领导者的威严，使得下属不容易亲近，"鞭子和糖果"常常是对待下属的方法。领导者还会时不时地监督他们的行为。2019年由于郭台铭在台湾的参选地区领导人之举，很多人再次把目标投向他的世界著名企业——富士康集团。事实上，军人出身的郭台铭非常崇尚服从—命令式管理，对有上百万的员工采用的是近乎严苛的"严父型"管理模式。有人分析认为他这种劳动密集型企业，采用家长式交往对于"80后""90后"甚至"00后"的青年员工来说，存在交往和沟通上的问题与潜在风险。因为年轻人更多地想寻找自由，需要情感上的关怀，但是高强度、无交流的工作氛围，让心理承受能力弱的青年员工无法适应，由此引发了富士康员工接连跳楼的事件。在家长式交往过程中，领导者与下属的交流带有命令—服从的语气。领导者对下属的说话就像家长对孩子一样，下属的回答就像孩子对家长一样。比如，主管说："杰克，我希望你停下手中的活，赶快去供给室把为我准备的箱子取回来。"员工回答道："我不想去，因为我很忙；但既然你是我的上司，我不得不去取。"美国心理学专家托马斯·哈里斯（Thomas Harris）在《我好你也好》（I'm OK You're OK）一书中提到，学会认识你的父母态，它的规矩、禁令、刻板的观念，以及表达这些命令的主要方式。

（二）同志式交往

"同志"一词，在共产党的"词典"里，体现出了革命队伍里新型的人际关系。同德则同心，同心则同志。在和平年代和建设时期，人们为了共同的目标分工合作，不看重权力的大小，与员工一起共事，希望在工作中平等地沟通交流、互相接纳，并建立和谐友好的关系，即规规矩矩、平平常常的上下级关系。正如1944年毛泽东同志在参加张思德追悼会上所说："我们都是来自五湖四海，为了一个共同的革命目标，走到一起来了。"马克思和恩格斯这两位巨人之间的友谊常被人们传为佳话。"要不是他我早就饿死了"是贫困潦倒的马克思创作《资本论》时生活的真实写照。1844年两人相遇于巴黎著名的摄政咖啡馆，一见如故、相见恨晚、一拍即合，开怀畅饮了十天之久，是什么让他们成为"亲密战友"呢？可以说，家庭环境悬殊的他们志同道合，纯粹发自内心的欣赏，高度契合的人生观、世界观，使得他们并肩创作、互相支持。高情商的领导者往往能够激发员工热情而非居高临下发布命令，且把自己看作是团队整体的一部分，从技能传授、团队建设、授权下属中汲取力量和获得满足感。1981年杰克·韦尔奇（Jack. Welch）接任通用电气总裁后，认为公司管理太多，因为"工人们对自己的工作比老板清楚得多，经理们最好不要横加干涉"。为此，他实行了"全员决策"制度，让平时没有机会相互交流的职工、中层管理人员都能坐在一起出席决策讨论会，倡导平等交流、民主管理以及发扬"每个人都是公司主人"的主人翁精神。

（三）任性式交往

"有权就任性，没权就认命"一度被一些人视为职场中的关系法则。李克强总理在2015年两会政府工作报告中指出，大道至简，有权不可任性。任性式交往一方面反映领导者喜欢运用自身影响力或者权力去影响、控制、支配和领导他人，希望从与他人建立的关系中满足个人的控制需要。哈佛大学心理学教授大卫·麦克莱兰认为，高情商领导者和自我中心型领导者都喜欢权力：他们享受那种能够影响他人的感觉。但是，自我中心型领导者习惯于发号施令、威权管理，没有注意到组织结构正逐渐扁平化，权力正从高层移向下属和外部利益相关方，很多时候这类领导者在新的环境中会停滞不前。另一方面，任性的领导者在交往过程中随意情绪化，翻脸比翻书还快，特别容易激动，对自己不顺心的事立刻大发雷霆、火冒三丈，控制不住自己的情绪。如果一个气度狭小的人，他眼里只有他自己，认为自己是正确的，别人是错误的，也往往仅仅关注自己的"表现"，就必然忽视下属的成长。下属在这样的情绪化人际交往中，很难与领导者交心，往往投其所好、报喜不报忧，贻误发展的良机。领导者情绪化容易激发上下级之间、同行之间的矛盾。这些矛盾就是领导者与领导者之间，领导者与下属之间的矛盾，这些矛盾一旦产生就会使管理团队之间难以有效协作，下属与领导者不协作，不协作的后果就会使整条组织链受影响，长期情绪积累、怨恨积累就会引发深层次矛盾爆发。如果在服务群众过程中存在情绪化交往，必是丢了初心，也是官僚主义作风的苗头，需要及时加以纠正。

三、畸形人际关系与纠偏

一段时间以来，一些地方和单位曾经出现人与人之间的关系被扭曲、被污染，各种"关系学"大行其道。人与人、同事与同事之间的关系变得庸俗化、低俗化。随着全国反腐大幕的拉开，职场上的一些"潜规则"开始不灵了，人与人之间的关系逐步回归正常。有调查显示，单位的人际关系问题已经被列为职场心理问题的首位。这一点在公务员队伍中更显突出，公务员"处理人际关系要花费70%以上的精力"①。因此，把领导者从受累的人际关系中解脱出来，缓解其心理压力，并让其更多的时间精力投入到工作之中是很有必要的。

（一）畸形人际关系的表现

一是人际关系的功利化。随着国家市场经济的不断深入，一些有碍于社会事业健康发展的消极社会心理现象产生了。把人际关系当作达到个人目的、谋求某种利益的工具，使得人际关系呈现功利化特征。邓小平同志曾经说过："经济建设这一手我们搞得相当有成绩，形势喜人，这是我们国家的成功，但风气坏下去，经济搞成功又有什么意义？会在另一方面变质，反过来影响整个经济变质，发展下去会形成贪污、盗窃、贿赂横行的世界。"2011年11月19日，《扬子晚报》报道了某高校大一新生小召的雷人"创举"引起社会热议，他手绘了一张"社团学生干部关系网络图"，还用红、黑两色笔详细标注每个干部的岗位、性格、喜好以及他们之间的关系，甚至包括遇到何种事情他该找谁帮忙等。初入大学校园的学生就如此这般看人际关系，如何能够安心学习深造？官商勾结是典型的功利化交往类型。觥筹交错尽虚佞，推杯换盏无真衷。官员徇私渎职，不惜牺牲民众的利益和需要，将公权偏向帮助某些商人或财团。某些企业或商人则使用各种利益手段，诱使官员利用其掌握的权力为他们提供相关的利益服务，两者之间形成一种权力和利益交换关系或同盟关系。广州市纪委通报的典型案例中

① 朱昌俊：《扭曲的职场人际关系让年轻人"累觉不爱"》，《中国青年报》2016年8月5日。

有这么一个：广州市政协城建资源环境委原副主任肖志锋，在担任黄埔区副区长、市民防办党组书记、主任期间，利用职务上的便利，收受多名私企老板和个人所送的巨额现金、购物卡、家具和象牙工艺品等，为这些人员谋取利益提供帮助。2018年5月，肖志锋受到开除党籍处分，退休待遇被取消，涉嫌犯罪问题移送司法机关依法处理。人际关系功利化的结果是当没有利用价值的时候，就形同路人，作鸟兽散，落个"树倒猢狲散"的结局。

二是人际关系的团伙化。虽然"邪不压正"，但是非正式群体一旦形成了强大的凝聚力，其破坏性力量必然超过一般正式群体。1937年，毛泽东同志就在《反对自由主义》一文中指出，因为是熟人、同乡、同学、知心朋友、亲爱者、老同事、老部下，明知不对，也不同他们作原则上的争论，任其下去，求得和平和亲热。或者轻描淡写地说一顿，不作彻底解决，保持一团和气。结果是有害于团体，也有害于个人。在毛泽东同志定义的十一种自由主义现象中，"小圈子现象"排在第一位。一些由老乡或老同事组成的员工就是一种非正式群体，也是一种自然群体，是相对于单位的正式群体来说的一种群体和团体。一般而言，这种群体成员的共同活动比较协调，而且其成员结构相对稳定。非正式群体一旦形成，其成员就相对地固定下来了。这种群体中成员之间的交往是以同一个地方来的，或者以前在同一家单位为主，群体的内在凝聚力来自成员的心理而非条文，他们内部的规范行为准则也是心理上的一种默契。在非正式群体中会自然形成所谓的"核心人物"，他们在非正式群体成员中的威望较高，有着较强的威慑力与协调群体成员关系的能力。而且，这种非正式群体的破坏活动具有集体性，一般不表现为单个成员与单位领导进行对抗，而是以群体形式使整个单位的基础松动，故而破坏力特别强，后果特别严重。党的十八大以来，贪腐的干部里就出现过秘书帮、山西帮、石油帮等"小圈子"。习近平总书记在群众路线教育实践活动总结大会上强调，党内上下关系、人际关系、工作氛围都要突出团结和谐、纯洁健康、弘扬正气，不允许搞团团伙伙、帮帮派派，不允许搞利益集团。

小山头、小圈子、小团伙是做人为官的"大黑洞"

中组部"笔杆子"研究室副主任徐文秀在《做人做事做官"又十忌"》一文中描述：为官从政怎样才能行得稳、走得远，才能健康安全可持续，过去很多人迷信"拜码头""进圈子"，似乎那样安全可靠，所谓"背靠大树好乘凉""朝中有人好做官"。于是攀高枝、抱大腿、找靠山，热衷于搞什么"同学会""战友圈""乡友团"，甚至搞江湖式的"金兰结义"等等，似乎进了圈子就可以屏蔽不相关的人，可以一荣俱荣。残酷的现实是，上山头不易下山头更不易，进圈子不易出圈子更不易。靠山容易成为"火山"，圈子容易画"圈"为牢。"我们都是来自五湖四海，为了一个共同的革命目标，走到一起来了"，干事业要靠班子不靠圈子，靠团队不靠团伙，搞小山头小圈子小团伙那一套，总有一天会出事！

三是人际关系人为等级化。比较强调人际关系的等级化，在人际交往中奉行一整套严格规范的交往礼仪和等级秩序。可能源于封建残余思想的负面影响，一些领导干部习惯于家长作风而不自知，而一些党员、干部习惯于做"家臣"而不自知。

如称老板、大哥、老大、头儿等。在反对"四风"中的官僚主义之风，能够体现一些干部看人办事，按身份、职务对等关系进行交往，这些都是典型的官本位思想。理论界认为，这些观点根深蒂固是因为受高权力距离的影响。20 世纪六七十年代，荷兰心理学家吉尔特·霍夫斯泰德（Geert Hofstede）等人通过对美国 IBM 公司设在全球 53 个国家和地区的 10 万多名员工进行调研发现，文化价值共有五个重要维度：个人主义、男性气质、权力距离、不确定性规避和长期导向。权力距离主要是指社会对组织中权力不平等的一种可接受程度，它反映社会中弱势成员和强势成员的价值取向。在高权力距离的社会里，权力是社会的基础，权力拥有者具有特权，而且应当尽可能做到强大，社会体制的改变可以通过罢免当权者得以实现，强势成员和弱势成员本质上是冲突的，而且弱势成员之间互不信任，很难合作。而在低权力距离的社会里，所有人都是独立自主的，而且具有同样的权力，等级只是作用的不同，下级把上级看作和自己一样的人，社会体制的改变可以通过重新分配权力得以实现，不同层次的人很少感觉受到威胁，并尽力去相信他人，强势成员和弱势成员本质上是和谐的，而弱势成员之间的合作是稳固的。党的十八届六中全会通过的《关于新形势下党内政治生活的若干准则》强调，持党内民主平等的同志关系，党内一律称同志。习近平总书记指出，以同志相称，亲切自然，能够拉近党员之间的距离，是党内民主的重要体现，也是增强党的凝聚力、战斗力的基础①。

---

① 黄文秀、陈明：《党内互称同志 民主平等纯洁自然》，《人民日报》2017 年 6 月 23 日。

（二）摆脱畸形人际关系困扰

好的人际关系，如同山清水秀没有雾霾的生态环境一样，可以让人"自由呼吸"。摆脱畸形的人际关系，让关系回归工作本位，构建简简单单、清清爽爽的同志式关系和规规矩矩、平平常常的上下级关系以及干干净净、明明白白的官商关系。党的十七大报告中专门论述称，"加强和改进思想政治工作，注重人文关怀和心理疏导，用正确方式处理人际关系。"2016年5月25日《中国纪检监察报》报道指出，干部人际交往要遵从三条准则，区别对待普通群众、老乡好友、企业经营者等交往对象，正确把握工作联系、私人交往之间的分寸，调整心态，做到义利相统一才能摆脱庸俗畸形人际关系的困扰。

首先，领导干部与普通群众交往要持真挚的情感。西柏坡纪念馆内有一块展板，上面写着六条规定，即不做寿、不送、少敬酒、少拍掌、不以人名作地名、不要把中国同志同马恩列斯平列。那是根据毛泽东同志的提议在当时对党内同志立下的规矩。领导干部必须摆正自己的位置，清晰自己的角色是什么，清楚手中的权力来自哪里，才能放下身段与百姓交心，融入群众，从群众中来，到群众中去。2017年热播的电视剧《人民的名义》完美收官，创下了10年国产电视剧收视率之最的好成绩。为什么会有如此的效果呢？除了节目内容抓住了百姓对腐败的深恶痛绝之外，还让他们了解了高级领导"神秘的"日常工作及生活。可以说这种视角也让故事情节更接地气，让百姓不再觉得领导干部总是高高在上。从某种程度上来说，这种影视拉近了百姓与领导干部之间的关系，对于创建良好的官民关系，起到了一定的积极作用。我们党的根本工作路线就是领导干部要坚持走的群众路线，如果心中始终装着老百姓，真心实意与他们交心、交流，并设身处地地帮助他们解决实际问题，那么百姓群众就认可干部确实是"为人民服务"而不是"走秀"，非常信任党和政府，并积极支持领导干部的各项工作，自觉主动地拥护党的领导。

第二，领导干部与同学、老乡、亲友交往要以热忱公心。习近平同志在党的第十八届中央委员会第一次全体会议上当选中共中央总书记时说道，"我们要永葆蓬勃朝气，永远做人民公仆、时代先锋、民族脊梁。"领导干部牢记自己的身份是"公仆"，在社会交往中须坚持讲党性、讲原则、守纪律，不能由"公仆"异化为某些商人的"私仆"，对交往的亲朋要注意听其言、观其行，不交不三不四的人，不去不干不净的场所，不组织、参加自发成立的老乡会、校友会、战友会等，做到友在明处交、话在明处说、事在明处办，自觉主动接受党和人民的监督。毛泽东同志当年为自己定下三条原则：恋亲，但不为亲徇私；念旧，但不为旧谋利；济亲，但不以公济私。朋友有高下之分，交往有损益之别。交友受益，前提是交往正常、阳光、健康。虚于应酬、空耗时日的泛泛之交，吃吃喝喝、拉拉扯扯的庸俗之交，互相利用、投桃报李的势利之交，有百害而无一利。

毛泽东同志的亲情规矩

毛泽东同志对自己也立下不少规矩。他曾说自己的"亲情规矩"有三个原则：恋亲不为亲徇私，念旧不为旧谋利，济亲不为亲撑腰。1946年初，毛岸英从苏联回到延安。离别18年的父子团聚，当然很高兴。可是毛泽东同志并没有把毛岸英留在身边。他对毛岸英说："你在苏联大学毕业了，还参加过苏联卫国战争，可是你还没有上过中国这个革命大学。你对中国的情况了解得很少。缺乏实践，这一课应当补上。你应该到农村去拜农民为师，在那里可以学到在外国学不到的许多有益的东西。"1950年抗美援朝战争爆发，为了送毛岸英上前线，生怕彭德怀不同意，毛泽东同志备下家宴，为子求情报名。当听到爱子牺牲的消息时，毛泽东同志掩住悲伤之情，说道："谁叫他是毛泽东的儿子啊。"

第三，与企业经营者的交往要用"正""亲""清"标准。英国经济学家亚当·斯密（Adam Smith）在《道德情操论》中，谈到了人的自爱与自私。在自私的动机下，人可能出现不择手段攫取钱财的丑恶一面。孔子云："政者，正也。"古希腊哲学家亚里士多德认为，公正原则是政治学的最高原则，政治就是追求人的最大的和最高的善，"政治上的善即是公正"，公正则体现为维护全体公民的共同利益。我们党的宗旨是全心全意为人民服务，立党为公，执政为民。所以，干部的角色意义就在于维护公平正义；离开了公平正义，干部就不称其为干部。良好的政商关系，应该做到"亲"和"清"。对领导干部而言，"亲"就是能够比较坦荡真诚地与企业接触交往，特别是当企业遇到困难和问题的情况下更要积极作为、靠前服务，帮助解决实际困难。"清"就是同企业家、商人的关系要清白、纯洁，不能有贪心私心，不能以权谋私、搞权钱交易。简单来说，就是要清清白白，君子之交淡如水。澄清模糊认识，划清是非界限。不能像有的干部在官商关系中迷失方向，热衷于被人"围猎"，进而主动迎合金钱、权力及声色犬马的围堵，基于"权钱"的"礼尚往来"，通过商人来获取非法利益以满足私欲，动机不纯，失去底线。习近平总书记曾经告诫干部说："鱼和熊掌不可兼得，当干部就不要想发财，想发财就不要当干部。"[①] 领导干部在面对多种利益及诱惑时，心中有界，才能坚守住官商交往的"亲""清"之道。

自我评定：与人交往时你是哪类人？[②]

对下列各题作出"是"或"否"的选择。

1. 我碰到熟人时会主动打招呼。

2. 我常常主动联系友人表示思念。

3. 我旅行时常与不相识的人闲谈。

4. 有朋友来访我从内心里感到高兴。

5. 没有人引见我很少主动与陌生人谈话。

6. 我喜欢在群体中发表自己的见解。

7. 我同情弱者。

8. 我喜欢给别人出主意。

9. 我做事总喜欢有人陪伴。

10. 我很容易被朋友说服。

11. 我总很注意自己的仪表。

12. 约会迟到我会长时间感到不安。

13. 我很少与异性交往。

14. 我到朋友家做客从不感到不自在。

---

① 习近平：《办公厅工作要做到"五个坚持"》，《秘书工作》2014 年第 6 期，第 8 页。

② 刘郁：《人际交往自测与咨询》，浙江人民出版社 1999 年版，第 168－169 页。

15. 与朋友一起乘公共汽车我不在乎谁买票。

16. 我给朋友写信时常诉说自己最近的烦恼。

17. 我常能交上新的知心朋友。

18. 我喜欢与有独到之处的人交往。

19. 我觉得随便暴露自己的内心世界是很危险的事情。

20. 我对发表意见很慎重。

分数计算与解释：第1、2、3、4、6、7、8、9、10、11、12、13、16、17、18题为"是"，第5、14、15、19、20题为"否"。各题答对记1分，答错记0分。把1~5题得分相加，其分数说明交往主动性水平，得分越高说明交往偏于主导型，否则说明交往偏于被动型；把6~10题得分相加，其分数说明交往支配性水平，得分越高说明交往偏于领袖型，否则说明交往偏于依从型；把11~15题得分相加，其分数说明交往规范性程度，得分越高说明交往讲究严谨，否则说明交往较为随便；把16~20题得分相加，其分数说明交往开放性程度，得分越高说明交往偏于开放型，否则说明交往偏于闭锁型；如果得分不是偏向最高分和最低分，而是处于中等水平，则表明交往倾向不明显，属于中间综合型的交往者。

第四章

领导干部的人际
冲突与管理

冲突是我们生活中的常态，任何环境都无法避免冲突的发生。法国存在主义哲学家萨特让·保罗·萨特（Jean Paul Sartre）在其名剧《禁闭》中写道："他人即地狱。"这句话道出了人与人之间不可避免的矛盾冲突。当人们遭遇冲突的时候，大部分的精力都被与冲突相关的各类情感耗费了，产生害怕、憎恨、无助和紧张，等等。心理学家在研究情侣之间"第一次重大冲突"造成的影响时发现，一些情侣渡过这一关口并且关系越来越好，而另一些却从此分道扬镳。在工作中遇到的冲突也会严重影响个人的职业发展，但是冲突是组织生活中无法回避的事实。伯格曼（Bergmann. T. J）等人针对上班人士的研究表明，接近85%的上班族在工作中遇到过冲突，如果我们对工作环境中的冲突视而不见的话，将会助长不良因素，导致生产力下降，冲突扩散，员工积极性会降低，因此领导干部应该熟悉人际冲突的产生原因，并积极掌握介入组织内部冲突的有效方法和技巧。

一、人际冲突及原因

（一）冲突含义及类型

较早的冲突定义源自冷战，当时美国和前苏联间的对峙支配着西方世界应对冲突的方式，主要指针对价值以及关于稀有地位、权力和资源的斗争，斗争双方的目的在于孤立、打击或者清除对方。在中国文字中，描述冲突的汉字由两个不同符号表示（意指"危机"），一个表示危险，另一个表示机会。到底是把冲突看作阻碍进步的危险因素，还是带来积极变化的良机，取决于应对冲突的策略与方法。这里的冲突指向人际交流，是指两个或两个以上相互依存的个体或群体之间展开的公开对抗，其中冲突双方都认为资源是稀缺的，且彼此间的目标不能调和，一方达成目标的进程受到另一方阻碍。所有冲突都建立在个体知觉之上，交流是人际冲突的核心要素。因为交流行为导致了冲突的发生，通过交流行为能够反映冲突的特征，并且交流行为可以为管理冲突提供有效的处理方式。斯蒂芬·P·罗宾斯（Stephen·P·Robbins）认为：冲突不是一瞬间就产生的，它有自己的过程，概括起来主要包括五个阶段，一是潜在对立，二是认知介入，三是冲突意向，四是冲突行为，五是冲突结果。同时，他认为冲突是一个连续体，在无冲突和彻底的冲突之间有五个等级，即为轻度的意见分歧或误解、公开的质问或怀疑、武断的言语攻击、威胁和最后通牒、挑衅性的身体攻击。

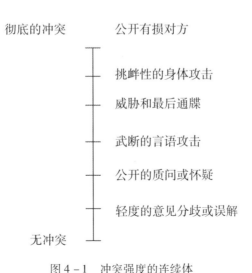

图 4 - 1　冲突强度的连续体

　　按照冲突的内外指向可以把冲突分为人际冲突和人内冲突。人际冲突是比较常见的人与人之间因偏见、利益不均、交流不畅等原因造成的人际矛盾状态。而人内冲突，则源于我们内心的冲突，是我们的内在的、内心深处的种种矛盾，它是两种或多种不同方向的，甚至互相排斥的动机、目标和欲望同时存在于同一个人的意识之中。这种冲突会引起人们内心的焦虑和困惑。早在 20 世纪三四十年代，美国心理学家库尔特·勒温（Kurt Lewin）根据接近与回避两种倾向的不同组合，把"人内冲突"划分为四种类型，即接近—回避型冲突、接近—接近型冲突、接近—回避型冲突、多重回避—接近型冲突。回避—回避型冲突主要指一个人同时面对的目标都是自己不喜欢的，都想方设法予以摆脱，但是客观条件却难以做到而陷入内心冲突状态；接近—接近型冲突则与之相反，即一个人同时面对的目标都非常喜欢，但必须从中艰难地选择一个而舍弃其他，所谓鱼和熊掌不可兼得；接近—回避型冲突则主要反映一个人在某些冲突条件下一方面要接近某个目标，但同时又想回避这个目标的内心冲突状态；多重—回避接近型冲突重点从实际管理和工作情境出发，把多个接近—回避型冲突交织在一起，形成一种复杂的冲突模式。

　　按照冲突的性质特点，可以把冲突分为建设性冲突和破坏性冲突。美国行政管理专家玛丽·P·福莱特（Mary·P·Follett）认为，冲突是建立在利益不同的基础上的。美国心理学家安德鲁·J·杜布林（AndrewJ. Dubrin）认为冲突的性质存在很大差异，存在有益冲突与有害冲突之分。如果产生的冲突能够通过利益整合使得双方关系更加和谐，实现利益最大化，那么这样的冲突就是建设性冲突。有一个经典的管理效应叫

"鲶鱼效应",讲的是因为鲶鱼的误入使得"娇气"的沙丁鱼得以存活,渔民因此而获益的故事,它充分说明了在工作环境中外界危险因素的介入使得内部人员产生危机感,这种对外的人际冲突对于员工潜力的激发以及团队成员的积极合作起到重要作用。所以说建设性冲突是对组织、群体的生存和发展具有促进作用,朝着更加健康、能够激发个体创造能力的方向发展。破坏性的冲突则产生诋毁、相互排斥,甚至组织解体的风险,它的方向是无序的、混乱的。研究表明,冲突过多、过少或者过强、过弱,对组织的发展都是不利的。目前,区分冲突的影响是建设性的还是破坏性的,主要看冲突的强度和频度这两个指标,它们代表了冲突的水平。此外,如何合理运用冲突管理的策略方法也是决定冲突性质走向的关键因素之一。

(二)人际冲突形成的主要原因

导致人际冲突的原因有很多种,既有当事人双方的目标差异、个性差异、观念差异、沟通能力差异等方面的可能,也有客观环境的原因(如资源的稀缺等)。下面仅就领导干部人际冲突形成的常见原因进行分析。

一是个性的差异。不同的人有着不同的性格和不同的价值追求,对相同目标的理解不同,投入程度也存在很大差别,这样一来他们对妥协或者谈判建议的反应肯定也是不同的。就像一瓶水,如果喝掉半瓶,一些比较乐观的人会想太棒了,里面还有半瓶水,而一些悲观的人却看到空的部分,想只剩下半瓶水了。有的领导干部对所做的事情要求尽善尽美,自我要求极高也很挑剔,事必躬亲,下属叫苦不迭,而有的领导干部却是

"甩手掌柜",很少过问下属情况。这些情况都会引起一定的人际关系紧张或人际疏离,互不欣赏,导致冲突发生。在干部性格测试中,有一种较为常见的 DISC 性格特质分析工具。它是在 20 世纪 20 年代,由美国哈佛大学心理学家威廉·M·(William M. Marstan)马斯顿博士在他的《正常人的情绪》一书中提到的。DISC 即为人个性特征的四种类型:D(Dominance)代表支配型,I(Influence)代表影响型,S(Steady)代表稳健型,C(Compliance)代表服从型。具体来说,D 型的人是爱冒险的、有竞争力的、大胆的、直接的、果断的、创新的、坚持不懈的、问题解决者、自我激励者;I 型的人是有魅力的、自信的、有说服力的、热情的、鼓舞人心的、乐观的、令人信服的、受欢迎的、好交际的、可信赖的;S 型的人是友善的、亲切的、好的倾听者、有耐心的、放松的、热诚的、稳定的、团队合作者、善解人意的、稳健的;C 型的人是准确的、有分析力的、谨慎的、谦恭的、圆滑的、善于发现事实、高标准、成熟的、有耐心的、严谨的。DISC 测试的目的并不是判断人的好坏,而是通过了解彼此的差异,使得领导干部与下属之间的沟通更顺畅,消除隔阂、压力与冲突,促进自我了解、相互认识和构建良好的人际关系。此外,领导风格的不同,也往往带来不一样的交往效果。在美国心理学家费德勒(F. E. Fiedler)看来,发生冲突的原因不是单方面的,而是交往双方互动的结果。试想一个领导者是任务导向型的,而下属也是执行力很强,他们会是很好的上下级关系。但是如果一个领导者是关系导向型的,下属依然是命令—执行型的,他们就容易发生冲突。

最难共事量表（LPC）

（Least Preferred Coworker Questionnaire）

指导语：回想一下你自己最难共事的一个同事，他可以是现在与你共事的，也可以是过去与你共事的。他不一定是你最不喜欢的人，只不过是你在工作中相处最为困难的人，然后用下面16组形容词来描述他（她），在你认为最准确描述他的等级上打钩。请不要空下任何一组形容词，看看你的得分。

快乐	8	7	6	5	4	3	2	1	不快乐
友善	8	7	6	5	4	3	2	1	不友善
拒绝	1	2	3	4	5	6	7	8	接纳
有益	8	7	6	5	4	3	2	1	无益
不热情	1	2	3	4	5	6	7	8	热情
紧张	1	2	3	4	5	6	7	8	轻松
疏远	1	2	3	4	5	6	7	8	亲密
冷漠	1	2	3	4	5	6	7	8	热心
合作	8	7	6	5	4	3	2	1	不合作
助人	8	7	6	5	4	3	2	1	敌意
无聊	1	2	3	4	5	6	7	8	有趣
好争	1	2	3	4	5	6	7	8	融洽
自信	8	7	6	5	4	3	2	1	犹豫
高效	8	7	6	5	4	3	2	1	低效
郁闷	1	2	3	4	5	6	7	8	开朗
开放	8	7	6	5	4	3	2	1	防备

这个量表的最后得分可以用来测定一个领导者对其他人的态度，也可以说是测定情感上或心理上的距离。如果以相对积

极的词汇描述最不喜欢同事，LPC 得分是 64 分或更高，这样的领导者就是一位把处理好与人的关系放在首位的领导，很乐意与同事和下属建立良好的人际关系，他是以人际关系为中心的，是关系导向型的领导者。这种领导者对同事和下属往往持谅解和支持的态度。相反，如果 LPC 得分为 57 分或更低，则说明这个领导者对同事和下属的看法很消极，也说明他可能更关注绩效，即为任务导向型的领导者。这种领导者是以任务为中心的，他所关心的是工作任务的完成，即使由于工作任务而损害了与同事和下属之间的关系也在所不惜。这类领导者重视的是通过完成任务来满足他们的自尊心。

费德勒相信，在回答 LPC 量表的基础上，可以判断出领导者最基本的领导风格。如果以相对积极的词汇描述最难共事者（LPC 得分高），则自我诊断者很乐意与同事形成友好的人际关系，也就是说，一个领导者如若对其最难共事的同事仍能给予好的评价，能从积极的方面看待人，即被认为对被领导者宽容和体贴、会提倡与被领导者之间的友好关系，属于关系导向型的领导风格。相反，如果自我诊断者对最难共事的同事看法比较消极（LPC 得分低），则被认为是倾向于命令和控制，是任务导向型的领导风格。另外，有大约 16% 的回答者分数处于中间水平（即不确定型），很难被划入任务导向型或关系导向型的领导风格中进行预测。

二是偏见的存在。我们为什么不喜欢他人，甚至鄙视彼此？原因之一就是我们可能存在着偏见。偏见是对一个群体及其个体成员的负面的预先判断。偏见的标志是负面评价。正如美国心理学家高尔顿·威拉德·奥尔波特（Gordon Willard All-part））在其经典著作《偏见的本质》（The Nature of Prejudice）

界定的那样："基于错误和顽固的概括而形成的憎恶感。"[①]人们针对同一现象，可能有不同的外显和内隐的态度。所以，对于那些我们目前表示尊重和欣赏的人，我们可能还保留源自孩提时代习惯性的、自动的恐惧或者厌恶。虽然外显的态度可以随着教育而发生巨大变化，但是有时候内隐的态度却挥之不去，除非我们通过练习而形成新的习惯。在热播电影《疯狂动物城》里，兔子朱迪进不了警察同事的小圈子，因为大型动物们认为兔子就是弱小的，少年狐狸尼克进不了童子军的小圈子，因为食草动物认为狐狸是狡猾的。一个存在偏见的人可能不喜欢那些与自己不同的人，并相信那些人无知且比较危险，有时这里面还包含某种傲慢的情感成分。负面评价让对方处于不利的地位，这可能来源于情绪性的联想和行为辩解的需要，或者是刻板印象（关于某一类人的个性特征的观念，有正性和负性之分）的负性信念。心理学家做过一项研究，他们向学生展示一些照片，上面是"一组研究生，他们作为一个研究项目团队在一起工作"。随后让学生做一个"第一印象"测试，要求他们判断哪个人对小组的贡献最大。结果显示，除了位于桌子首席的那位女士之外，每位男士被选为领导者的次数比所有女士的总和还要多。这种视男性为领导者的刻板印象真实存在于组织管理中。研究表明，如果由女性来实施领导行为，一些雷厉风行的性格和作风在女性身上就没有在男性身上显得那么适宜，因此不容易被人们所看好，女性成为优秀的领导者或者取得成功的难度大增。此外，领导者—成员交换关系理论认

---

① ［美］高尔登·奥尔波特：《偏见的本质》，北京师范大学出版社 2017年版，第 91 页。

为，领导者在最初选择"圈内人"的时候，也存在一定的主观色彩和偏见。领导者把重要的工作优先安排给这些"圈内员工"，久而久之，这些员工得到更多的锻炼机会，与领导者沟通更多，更能理解领导的意图，最终在领导者身边，形成了一个特殊的人际互动关系。

三是不可调和的目标。现代管理大师彼得·德鲁克（Peter Drucker）在其著作《管理实践》一书中首次提出"目标管理"的概念，其核心思想是动员全体员工参加制定目标并保证目标的实现。这种理念的关键是由组织中的上级与下级一起商定组织的共同目标，然后再具体化展开至具体部门、各个层次及个人。事实上，工作生活中总会有对立不相容的目标，而且人们常常深信不疑，只要彼此的目标相对立，就无法达成一致而共同奋斗。不管各方想得到的东西是相同还是不同，人们都有可能产生与对方目标不一致的想法。首先，冲突各方想要同样的东西，比如职务晋升或者领导的重视。当事各方都想方设法争取这种待遇，视此为"狭路相逢"的情景，由于他们都在争取相同的东西，所以产生冲突。此外，目标不相同的情况，比如同一单位里不同领导者的执政思路不一样，这有时候让下属工作起来非常困难。虽然在有些时候领导者的决策要么选择 A 方案，要么选择 B 方案，表面上看只是目标不一致，但是实质上是双方争夺决定权的归属之争。因此，不管目标是否相同，不可调和的目标都是所有冲突的重要原因之一。

四是稀缺的资源。资源是任何被积极看待的自然、经济和社会的结果，它可以存在于现实环境中，也可以只存在于个体的假想之中，稀缺和限制往往就出现了。在生活中，知心朋友的一方可能因为又开始喜欢别人了，导致另一方认为他不会像以前那样投入同样的关爱，当关爱本身被认为是一种稀缺资源，朋友间的冲突可能会产生。有这样一个实验，让研究人员通过观看四年级课堂教学中师生互动的录像，预测将来哪些学生会辍学。研究发现，那些通常很少与老师有眼神交流，或者很少直视老师，被视为不存在的学生辍学率更高。究其原因，学生们往往非常在意老师的关注，教室里重要人物的扫视、微笑及相互的眼神交流，都成为非常独立的、学生眼中的稀缺资源。学生们为了获得这种资源，有时不惜和老师争斗，虽然得到的是负面评价，但是总比被完全忽视要好很多。权力和自尊是人际交往中常见的稀缺资源，缺失这些资源往往会产生消极体验，容易引发人际冲突。例如，一个下属心里常常想，"他总是自行其是。"这是在表明：领导比他拥有更多的权力，他常常觉得事情对自己不利，处于劣势。又想，"他说话太刺了！他以为他是谁？我可无法忍受他这张嘴！"（我无法应对这些刻薄的讽刺，简直就像人身攻击，我觉得受侮辱了，唯一可以做的就是离开。）不管双方争执的内容是什么，冲突一方总是认为自己因为权力太小，不能按照自己的意愿做事或者维护自己的自尊，从而引发人际关系紧张。总之，当人们知觉到诸如金钱、工作岗位或者权力这些资源是有限的，并且是零和的（一个人的获得就意味着另一个人的损失），冲突一方视另一方为潜在的竞争对手，更易引发人际冲突。

此外，工作权利与义务模糊，如果组织的制度不完善导致职权界定不清，个体会推诿责任，人际冲突会频繁发生。当发生了组织机构的变革，一个组织中有关部门的人员进行了重组或减裁，固有的身份观念或因重组而使一些员工利益受损的时候，也容易导致人际冲突。如果因为身份和关系问题，即人们对自己的看法以及人们希望他人如何对待自己。比如，在单位里一次推优或者推荐候选人的时候没有被选中，当不能满足关系和面子的要求，也可能引发人际冲突。

二、领导干部人际冲突管理

冲突管理（confilict management）主要是指采用一定的干预手段对冲突的形式和水平进行改变，使得尽可能地发挥其益处而抑制其害处的管理过程。领导干部既需要面对本单位本部门可能存在的人际矛盾问题，更需要面对社会治理当中出现的矛盾、纠纷、冲突并调和与处理，因此领导干部自身冲突管理水平的高低、冲突管理能力的强弱，对冲突管理的结果具有举足轻重的影响。1964 年，美国行为科学家罗伯特·布莱克（Robert Blake）和简·穆坎（Jame. Mouton 最早把冲突处理区分为五种不同的类型。这五种冲突处理策略分别为：强迫（forcing）、妥协（compromising）、安抚（smoothing）、退避（withdrawing）、问题解决（problem solving）。1977 年，托马斯（Thomas）通过坐标的方式，即横坐标表示关心自己的利益，反映的是追求个人目标的武断程度，纵坐标表示关心他人的利益，反映的是与他人的合作程度，把团队成员冲突管理分为五种：回避（avoiding）、忍让（accommodating）、妥协（compromising）、竞争（competing）与合作（collaborating）。国内有些学者，也创新性地提出冲突管理的"5C"原则，分别是：文化（culture）、组织章程（constitution）、沟通（communication）、关怀（care）和控制（Control），具有一定的启发意义。总之，随着冲突各方交流增多，冲突会从一个阶段发展到另一个阶段。由于冲突产生的背景以及当事各方交流沟通方式等多种因素的共同影响，冲突中的互动有可能是积极的，也有可能具有破坏性。人际冲突是一把双刃剑，组织中的人际冲突如何演变，一方面取决于冲突的性质和水平，另一方面取决于管理者的态度、方法和技巧。关于如何化解冲突，有台湾学者总结出了"华人社会中的冲突化解模式"，根据冲突团体类型的差异，提出化解冲突的具体方法，如表4-1所示。

表4-1　华人社会中的冲突化解模式

	保持和谐	达成目标	协调	优势反应
纵向内团体	顾面子	阳奉阴违	迂回沟通	忍让
横向内团体	给面子	明争暗斗	直接沟通	妥协
横向外团体	争面子	抗争	调解	断裂

（一）预防破坏性人际冲突

对于冲突各方来说，冲突本身都可能带来一定损失，但是如果问题一直无法得到有效解决，冲突会不断升级，人们所蒙受的损失就会超过所带来的益处，对冲突的结果都不满意时，那么这类冲突就被归为破坏性冲突。美国心理学家约翰·戈特曼（John Gottman）把责备、防御、阻碍交流和轻蔑这四种冲突表现称为"驶向灾难的四大骑手（four horsemen of the apocalypse）"，它们逐渐加深矛盾的隔阂与人际鸿沟，而当这四种行为一起出现的话，破坏性的结果就近在咫尺了。冲突的开端很重要，当冲突以责备的形式开始时，双方的对抗就会迅速升级。任何冲突，一旦以"你从来不"或者"你总是"开端，往往就会带来破坏性的结果。一般来说，冲突发生时，人们为了引起他人的注意，往往以责备的形式开场，表明自己的糟糕心境，或者突出冲突的重要性，或者为了发泄失望无助的心情，把错误归结到他人身上，没有就事论事，只是关注行为本身。挫折—侵犯理论认为，当一个人遭受挫折的时候，侵犯的强度同目的受阻的强度成正比，而当挫折强度一定的情况下，个体预期的惩罚越大，侵犯发生的可能性就会变小，且当预期惩罚一定的情况下，挫折越大，侵犯越有可能发生。

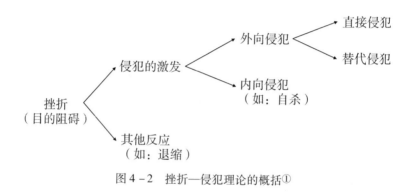

图 4 - 2　挫折—侵犯理论的概括①

　　第一，转化防御性氛围为鼓励性氛围。一般而言，破坏性冲突的防御心理比较强。防御心理意味着努力避免遭受攻击。人们若在交流的时候充满戒心，始终抱有需要保护自己的愿望，以避免可能的痛苦和困扰，戒备情绪蔓延，那么就会导致很多破坏性的事情发生，如死气沉沉、厌烦无趣、权力争夺、情感隔阂和轻蔑，等等。轻蔑是任何使自己显得高人一等的言语或非言语表现。戈特曼指出，轻蔑的表情是"极具破坏力"的，表达了对另一方严重的人身攻击，在长期而且重要的关系

①　［美］戴维·迈尔斯：《社会心理学》（英文第 8 版），人民邮电出版社 2005 年版，第 387 页。

中坚决不允许轻蔑的存在。假如人们固执地认为自己是正确的，又不善于交流，防御心理油然而生，产生的对立情绪就会阻碍冲突朝着积极的方向发展。引导防御性氛围向鼓励性氛围转化，首先，要使用描述而非评价性的言语，因为没有人喜欢被人"评头论足"，特别是评论的依据不是很充分时，中性不带责备的语言交流能够化解防御心理。其次，应做到解决问题而非控制他人，因为解决问题是在寻找可行的方法，并不一定按照冲突一方的要求去控制另一方，让对方去执行自己的想法或计划。再次，应做到待人平等而非高高在上。2018 年 7 月 30 日，河北省委干部与阜平县辅警发生冲突，引起省委书记王东峰的关注与批示，也引起多家媒体的争相报道。究其原因，其实就是阜平县牛角台警务站执勤人员在例行检查的时候，询问省委督查室两名驾车干部问"你们是哪儿的"，回答称"省委的"。突然，一名省委干部指着辅警问"有没有工作证"，回答说"没有"。这名干部突然大喊"通知县纪委过来。"因为沟通中以控制和服从为目的，处处充满"我高你低"的言语表露，由此双方引发冲突。事实上，在权力不对等的情况下，当人们想要营造和谐的人际关系，通常是处于从属地位的一方维系和谐的氛围，当出现分歧的存在时，容易被视为不服从上级的表现。最后，积极的抱怨，以"我怎么怎么"进行抱怨，并描述令人不快的行为，且用中立而非判断性的强调讲话，并请求对方在行为上做出具体的改变。

第二，依靠行政命令，即冲突双方都不愿积极解决，则由上层管理者出面作出裁决，按照下级服从上级的原则执行命令，解决冲突。当冲突变得僵硬死板，冲突双方没有能力或者不愿意应对变化的环境而是死板地"唯书是从"的时候，领导者需要先获得下级单位或个人的信任。信任是解决冲突的关键。不然，就容易形成联合的"同盟"而保护彼此，这样一来上级领导者不仅创造了敌对的工作环境，还有可能收到下属"虚假"而非诚恳的行为改变。此外，加强信息沟通。人由于天生具有好奇心，对不知道的事物容易引起猜测，从而产生误会等问题。当下属之间的关系出现不协调时，信息沟通不充分可能是重要的原因之一。因此，应该利用内部网络、手机移动设备、APP等先进沟通交流工具，破除信息流通壁垒，及时沟通信息，并加强信息反馈。再者，领导者还要适时引导，调节氛围，打破沉默或者剑拔弩张的气氛，启发认同，化解症结，激发冲突双方心理上的共鸣，并使冲突双方能够重新审视自己的观点和行为表现。最后，领导者要利用好"四把工具"，即"鞭子"、"刀子"、"斧子"、"抹子"。其中"鞭子"起到对冲突处理上激励和警示的作用，"刀子"起到舆论监督、监察审计监督等作用，"斧子"起到快速化解冲突、当机立断的作用，"抹子"起到对冲突管理中的理顺关系和调整情绪等作用。

第三，设置更高目标。引导把工作重点放在与核心问题有关的难题和事情上，设置更高共同目标，让冲突双方用更广的视野思考组织目标以及如何取得更高的绩效。美国前总统里根曾经说过这样一番话："我忍不住要对戈尔巴乔夫先生说，如果现在有一个来自其他星球的异族生物前来攻击地球，那么我们在这种会议上所采取的行动将会变得多么简单明了。我们将很快发现我们同是人类，共同生活在这个地球上的人类。"把外部威胁视为冲突双方的共同目标，可以增进内部的团结。正如从美国前总统乔治·沃克·布什（George Walker Bush）的政绩支持率在"911"前后的变化中可以发现，"911"之前他的民众支持率为51%，而"911"之后他的支持率高达90%，这就是由共同目标带来的内部团结。更高目标能够把群体的所有成员团结起来，搁置差异与矛盾，化解冲突，促成双方共同完成目标任务。

超级目标实验

美国社会心理学家穆扎弗·谢里夫（Muzafer. Sherif）做过这样一个实验，他先把22名男孩分为两组，并让各组起了名字："响尾蛇"和"老鹰"。由开始不知道对方的存在，各组内部形成亲密关系，到侵占"领地"和开展竞争性游戏，两组男孩产生了激烈的冲突。为了促成"响尾蛇"和"老鹰"两个小组和解，谢里夫使用这样的目标：夏令营的供水出现了问题，使得双方必须通过合作来修复水管；一个租借影碟的机会，但是所需费用必须动用两个小组的资金；一次汽车"抛锚"，所有成员用绳子把汽车拉到启动。经过几次超级目标的共同完成，双方友谊在两个团队之间蔓延。就这样，谢里夫先用隔离和竞争制造了陌生人之间的敌意，又用超级目标使得这些敌人变成了朋友。

（二）引发建设性人际冲突

建设性冲突反映了从组织利益的角度出发，双方都关心共同目标的实现和解决现有问题，也都愿意倾听对方的观点，争论的焦点在于问题本身，互相之间的信息交流不断增加。美国政治社会学家西摩·马丁·李普塞特（Seymour Martin Lipset）曾经说过："分歧，在其合法的场合下有助于社会和组织的统一。对于社会或组织所承认的宽容准则达成共识，往往是基本冲突发展的结果，支撑这种共识需要冲突的继续。"这里的冲突多指建设性冲突。心理学领域中有一个合作冲突理论，重点描述了一个人理解自己的目标是怎样与他人相互联系的。当人们认为彼此的目标是一致的时候，他们就会相信一方成功，另一方也会成功，这种信念会让他们更愿意合作，因为一方的成功有助于另一方也实现自己的目标，于是产生了"双赢"的氛围和团队间的合作。有一个关于"双赢"的经典故事，两个姐妹为了争一个橘子，她们最终选择了最为公平的方案，即把橘子一分为二，每人拿到对等的一半。其中一个女孩把自己拿到

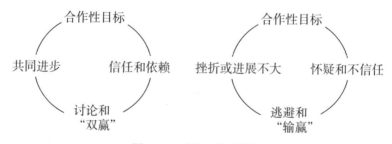

图 4-3　合作冲突理论①

的一半榨成橙汁，而另一个女孩则用她分到那一半的橘子皮来做蛋糕。如果她们能够找出整合性协议（即双赢），同意分享橘子的话，其中一个得到全部的橙汁，而另外一个得到全部橘子皮，那么她们就得出了兼顾双方利益的决定。

一是加强沟通，增强信任感。即让冲突双方当面交换意见，坦诚相待，进行深层次的交流，消除敌对偏见和误解，互

---

① ［美］Mary L. Tucker, Anne M. McCarthy, Douglas A. Benton：《工作中的人际关系大挑战——管理组织中的自我与他人》（第 7 版），吴帆、马文娟译，清华大学出版社 2004 年版，第 237 页。

相体谅，以积极的态度解决冲突。因为多数冲突中只有核心的一小部分来自真正的矛盾，外面包裹着的则是各种各样的误解。历史表明，许多冲突事件背后都是各种利益相关方的利益诉求问题，其中有一些是基本合理，有一些是完全合理的。因此，通过信息分享，了解彼此的观点，互换资源，互相帮助和支持是有必要的。在信任的氛围下，双方能够自由地说出自己的想法，讲清楚自己的不满和愤怒所在，并共同寻找解决问题的方法，减少压力，增进工作关系，为双方共同合作打下坚实的基础。

二是完善组织制度，营造组织内部的公平关系。通过招入外部人士或者发挥第三方力量，增进对利益需求的多样化审视，因为外部人士的背景、观念、文化、管理风格与内部成员不一样，为组织注入新鲜活力，不同的思想观念互相碰撞有利于激发建设性冲突。长期以来，关系的不公正不公平使得冲突不断加剧，关系的不对等产生了心理关系的紧张，使得双方相互猜疑和不信任加剧。可以对组织进行适当变革，提高个体参与度，提高决策民主性等，以及选择开明的管理者，有利于激发员工的积极性，一定程度上激发建设性冲突。

三是激发创造力，培养开放的组织文化。即让单位成员抛弃传统冲突的认知，鼓励他们大胆创新。在狭隘的观念中，人们认为彼此的目标是互相竞争的，只能以牺牲他人利益为代价追求自己的利益。这种"单赢"的思维模式会降低员工士气，甚至产生严重的对抗。当人们把冲突当做发现问题、培养创新性思维的一个优势，就能够不断提高决策和接受团队成员意见的能力，鼓励每个成员都参与其中，展开讨论并分享观点，促使组织适应不断变化的外界环境，形成高凝聚力、高绩效团队。

应对冲突的基本方式

在以下描述应对冲突的方式中，你属于哪一种？

我崇尚和平和谐，会尽量努力避免冲突。

在别无选择的时候，我会主动选择冲突。

我喜欢口头冲突中的唇枪舌剑，并且不是特别在意介入冲突。

我喜欢积极的冲突，我会越来越兴奋，很想看事态如何发展，甚至有时还主动寻找冲突。

我会凭借冲突厘清事情条理，解决问题，并借此换一个角度看问题。

三、警惕群体性冲突

由于价值观不同、竞争、信息交流不善、组织不当等导致人际关系恶化，进而引发群体性冲突。相对于个体之间人际冲突而言，群体性冲突一般涉及人员较多，矛盾比较复杂，有时还会涉及法律、法规和政策制度等问题，社会的影响面比较广。领导干部在其中往往充当"协调人"，化解矛盾纠纷和冲突危机，才能营造良好和谐的关系氛围。一直以来，群体性冲突主要出现在劳资纠纷、征地拆迁、医患矛盾、城市执法管理、社会保障等领域。近些年，在交通事故、环境保护、房地产市场管理、食品药品安全、治安事件等方面的群体性冲突偶有发生。群体性冲突的特点是参与冲突的主体更加多元、组织化程度变高、冲突的形式多样化。一些领导干部没有引起高度重视，群众观念不强，不善于处理复杂形势下的人民内部矛盾。2008 年"贵州瓮安事件"引起轰动，原本一个初中女生的离奇死亡演变成万人冲击县政府大楼打砸抢的恶性事件，100 多间办公室、54 辆车辆以及县公安局户政中心档案全部资料被烧毁，150 多人受伤。一个偶然的小事件成为导火索，不满和躁动的情绪就可能会快速蔓延，引发群体性的冲突行为。美国社会学家刘易斯·科塞（Lewis Coser）认为，群体越是在现实问题（可达到的物质目标）上发生冲突，就越有可能寻求实现自身利益的折中方案，冲突的激烈性就越小；群体越是在不现实问题上发生冲突，因冲突所激发的情感及介入程度就越强，冲突也就越激烈。

PX 项目引发的群体性冲突

大连福佳大化 PX（对二甲苯）项目是在国家实施振兴东北老工业基地战略背景下，国家批准建设的大型现代化芳烃联合装置。2011 年 8 月 8 日，福佳大化 PX 项目码头配套工程后方陆域护岸胸墙发生倒塌，两个 PX 储蓄罐仅距被毁的南段堤坝 50 米左右。虽然当地的抢险指挥部、公安、武警和解放军等都做好了疏散准备，但是这一消息在当地引发了恐慌。事发后400 台次大工程车运载石料泥土紧急围堵垮塌处，很快溃堤风险得到有效控制，也未发现有毒气体泄漏，但这一事件引发当地居民的严重不满。据新华社报道，当天共有 1.2 万多名大连市民上街游行并在市政府大楼前请愿示威，要求政府下令让这家化工厂搬出大连。14 日下午，大连市委、市政府最终做出决定，福佳大化 PX 项目立即停产并正式决定该项目将尽快被搬迁。一位市政府工作人员称："福佳 PX 事件也给我们提了一个醒，今后城市选择项目的时候，要有更广泛的公民性，再更多地听群众的意见。"

在这起群体性冲突中，城市发展与环境保护之间，城市的管理者应该扮演什么样的角色，值得深思。但是，领导干部在信息不对称、信息不透明等的情况下，针对各种质疑只是一句"没有毒"显得太苍白。美国社会心理学家利昂费斯汀格（Leon Festinger）有一个很出名的判断，被人们称为"费斯汀格法则"：生活中的10%是由发生在你身上的事情组成，而另外的90%则是由你对所发生的事情如何反应所决定。领导干部必须要畅通信息渠道，打消群众顾虑，当群众的意见得不到表达的机会和渠道，也是最危险的时候。按照刘易斯·科塞的观点，安全需要不是现实性问题（可达到的物质目标），因此，由冲突激发的情感及介入程度很强，导致的冲突影响面更广、更为激烈。

自我评定：托马斯—吉尔曼冲突方式测评

说明：请想象一下你的观点与另一个人的观点产生分歧的情景。在这种情况下，你通常是怎样反应的？下列的几对陈述句描述了可能出现的行为反应。在每一对陈述句中，请在最恰当地描述你自己行为特点的陈述句前的字母"A"或"B"上划圈。在许多情况下，A和B都不能典型地体现你的行为特点，但请你选择较可能出现的反应。

1. A 有时我让他人承担解决问题的责任

   B 与其协商分歧之处，我不如力图强调我们的共同之处

2. A 我试图找到一个妥协性解决方法

   B 我力图考虑到我与他所关心的所有方面

3. A 我通常坚定地追求自己的目标

B 我可能会尝试缓和对方的情感，来保持我们的关系

4. A 我试图找到一个妥协方案

B 我有时牺牲自己的意志，而成全他人的愿望

5. A 在制订解决方案时，我总是求得对方的协助

B 为避免不利的紧张状态，我会做一些必要的努力

6. A 我努力避免让自己造成不愉快

B 我努力使自己的立场获胜

7. A 我试图推迟对问题的处理，使自己有时间考虑一番

B 我放弃某些目标作为交换以获得其他目标

8. A 我通常坚定地追求自己的目标

B 我试图将问题的所有方面尽快摆在桌面上

9. A 感到意见分歧不总是值得令人担心

B 为达到我的目的，我做一些努力

10. A 我坚定地追求自己的目标

B 我试图找到一个妥协方案

11. A 我试图将问题的所有方面尽快摆到桌面上

B 我可能努力缓和他人的情感从而维持我们的关系

12. A 我有时避免选择可能产生矛盾的立场

B 如对方做一些妥协，我也将有所妥协

13. A 我采取折中的方案

B 我极力阐明自己的观点

14. A 我告知对方我的观点，询问他的观点

B 我力图将自己立场的逻辑和利益显示给对方

15. A 我可能会试图缓和他人的情感从而维持我们的关系

B 为避免紧张状态，我会做一些必要的努力

16. A 我力图不伤害他人的感情

　　　　B 我力图劝说对方接受我的观点之长处

17. A 我通常坚定地追求自己的目标

　　　B 为避免不利的紧张状态，我会做一些必要的努力

18. A 如能使对方愉快，我可能让他保留自己的观点

　　　B 如对方有所妥协，我也将做一些妥协

19. A 我试图将问题的所有方面尽快摆在桌面上

　　　B 我试图推迟对问题的处理，使自己有时间做一番考虑

20. A 我力图立即对分歧之处进行协调

　　　B 我试图为我们双方找到一个公平的得失组合

21. A 在进行谈判调解时，我试图考虑到对方的愿望

　　　B 我总是倾向于对问题进行直接商讨

22. A 我力图找到一个界于我与对方之间的位置

　　　B 我极力主张自己的愿望

23. A 我经常尽量满足我们双方所有的愿望

　　　B 有时我让他人承担解决问题的责任

24. A 如果对方观点似乎对其十分重要，我会试图满足他
　　　　的愿望

　　　B 我力图使对方以妥协解决问题

25. A 我试图将自己立场的逻辑与利益显示给对方

　　　B 在进行谈判调节时，我试图考虑到对方的愿望

26. A 我采取折中的方案

　　　B 我几乎总是关心满足我们所有的愿望

27. A 我有时避免采取可能产生矛盾的姿态

　　　B 如能使对方愉快，我可能让对方保留其观点

28. A 我通常坚定地追求自己的目标

　　　B 在找出解决方案时，我通常求得对方的帮助

29. A 我采取折中的方案

　　B 我觉得分歧之处不总是值得令人担心

30. A 我力图不伤害对方的情感

　　B 我总是与对方共同承担解决问题的责任

评分标准：写出每一列中被划圈的字母总数，即为竞争、协作、妥协、回避、克制的得分。第3（A）、6（B）、8（A）、9（B）、10（A）、13（B）、14（B）、16（B）、17（A）、22（B）、25（A）、28（A）题为竞争（强制）维度，第2（B）、5（A）、8（B）、11（A）、14（A）、19（A）、20（A）、21（B）、23（A）、26（B）、28（B）、30（B）题为协作（解决问题）维度，第2（A）、4（A）、7（B）、10（B）、12（B）、13（A）、18（B）、20（B）、22（A）、24（B）、26（A）、29（A）题为妥协（共同承担）维度，第1（A）、5（B）、6（A）、7（A）、9（A）、12（A）、15（B）、17（B）、19（B）、23（B）、27（A）、29（B）题为回避（收回）维度，第1（B）、3（B）、4（B）、11（B）、15（A）、16（A）、18（A）、21（A）、24（A）、25（B）、27（B）、30（A）题为克制（缓和）维度，分数最高者就是你处理职场冲突方式的特质。

第五章

领导干部的人际沟通力

英国作家乔治·伯纳德·萧（George Bernard Shaw）曾经说过，假如你有一个苹果，我也有一个苹果，而我们彼此交换这些苹果，那么你我依然各自还是只有一个苹果；如果你有一种思想，我也有一种思想，而我们彼此交换这些思想，那么我们每个人将拥有两种思想。这段话生动地说明了人际沟通的重要作用。可以说，沟通随时发生在生活和工作中，无所不在。作为人与人相互之间传递、交流各种信息、观念、思想、感情，以建立和巩固人际关系的综合，沟通是社会组织之间相互交换信息以维持组织正常运行的过程。事实上，人与人之间沟通的信息多数来自社会性信息，这种信息比一般的物理信息更重要。美国普林斯顿大学对一万份人事档案进行分析，结果发现："智慧""专业技术""经验"只占成功因素的25%，其余75%决定于良好的人际沟通。关于沟通的内涵解读有多种，如《大英百科全书》这样定义："沟通是用任何方法，彼此交换信息，即指一个人与另一个之间用视觉、符号、电话、电报、收音机、电视或其他工具为媒介，所从事交换信息的方法。"诺贝尔奖获得者赫伯特·西蒙（Herbert A. Simon）认为，沟通可以视为任何一种程序，借此程序，组织中的一个成员将其所决定意见或前提，传递给其他有关成员。总体而言，从其特点来看，至少包括三个方面：一是信息的传递；二是信息的理解；三是双向互动与反馈。美国管理学家玛丽·帕克·福勒特（Mary Parker Follett）认为，管理就是沟通协调。这表明了在领导干部胜任岗位的各项能力中沟通协调能力处于重要地位，它是推动工作有效开展的助推剂，往往决定了事情的成败。动物心理学家曾经以恒河猴做过一个社交剥夺实验，实验中猴子的喂养方式全部改为自动化，并且隔绝猴子与其他猴子或人的沟通。结果发现，与有正常沟通机会的猴子相比，实验的猴子明显缺乏安全感，不能与同类进行正常交往，甚至严重影响到一些本能的行为表现。美国社会学家罗伯特·柏来兹（Robert . D. Blatz）曾经说过，组织内的信息沟通，正如人体内的血液循环一样，如果没有沟通活动，组织就会趋于死亡。

一、人际沟通的要素特征

一般来说，沟通的要素可以包括传送者、接收者、信息、媒介、噪音、反馈和背景等方面。其中，传送者和接收者都属于沟通主体，是沟通的信息员，具有加工信息、传播信息和接收信息的主观特点、选择偏好和个体差异性。比如，美国心理学家德博拉·泰南（Deborah Tannen）在分析男女两性之间经常出现口头沟通障碍的原因时发现，男性往往通过交谈来强调地位，而女性通过交谈来建立联系。在现实生活中，男性经常抱怨女性总是反反复复谈论自己的问题，女性则责备男性不认真倾听。事实上，男性在听到一个问题的时候，常常通过提供解决问题的办法来表现出自己的独立性和控制力，而女性则把提出的问题视作一种加强亲密感的手段，她们提出问题真正的目的是为了获得支持和联系，而不是男性的建议。

信息是指沟通双方之间传递的思想、情感等，也可以表现为某项任务的一次工作指令。

媒介主要是指渠道或者信息通道，也就是信息传递时所依赖的载体，一般来说人的五种感觉器官都可以实现沟通，但是视听途径的媒介比较普遍，而面对面的沟通影响力最大，因为面对面的反馈最为及时，并且信息传递者可以根据接受者的反馈快速调整自己的沟通过程，使其满足听者的需要。此外，电视、广播、报纸、电话、网络等以媒体为中介，也可作为沟通的媒介。至于在管理过程中怎么知道要使用哪一种沟通媒介，可以通过评价获得。需要说明的是，在实际的沟通过程中，个体信息的传递会发生过滤，即发送者有意操纵信息，使得信息显得对接收者更为有利，且组织结构中的层级数目越多，过滤的机会就越多。另外，人们处理信息的能力是有限的，一个领导者在大量的电子邮件、即时通信、传真和会议的包围下，很可能要承受信息超载的苦恼。

噪音就是障碍，是在信息形成、传递、接收、理解和反馈过程中的各种干扰因素。当信息源的信息不充分或者不明确、信息没有被有效转换为可行的沟通信号、不当的沟通方式以及接收者的理解有误等，都会导致沟通困难。比如，接收信息者的情绪、年龄、教育和文化背景等都会阻碍沟通的效果。试想，一个人对在愤怒时接收的信息和在快乐时接收的同样信息，所做出的解释往往不同。

反馈是指沟通双方之间的相互作用，当反馈显示接收者接收并理解了信息，称为正反馈。否则，即为负反馈。而当信息接受者对信息的反应不确定状态就属于模糊反馈。对于负反馈或者模糊反馈来说，信息传递者又会反思所传信息的明确性、难易程度等，并进行适当调整，心理学家称这种反馈为"自我反馈"。

背景是沟通发生的情境，它影响整个沟通过程，因为许多意义是在背景下进行的，甚至不同语词的意义也会随着背景的不同而发生改变。同样一句"你真好！"，如果是亲朋好友亲密交谈的背景，那么意味着欣赏与赞美。但是，如果用于充满敌意、恶语相向的情境下，其所指的意义就截然不同了。文化情境也是沟通中不可忽视的因素之一。不同文化情境影响人们从他人实际说或写的内容中寻找意义。比如中国、韩国、日本、越南等国家，都属于高情境文化，即在与他人沟通时，人们非常依赖非语言的线索，以及细微的情境线索。他们没有说的内容可能比说出来的内容更重要。一个人的官方职位、社会地位以及名誉、声望在沟通中占有很大的比重，比较看重口头协议、信任关系及交往对象的年龄、资历、组织中的头衔，等等。而对于欧洲和北美的人来说，他们处在低文化情境之中，比较依赖意义传递过程中使用的词汇。往往身体语言或正式头衔的重要性排在口头语言和书面文字之后，所以，比较看重随意和不重要的交谈、有精确文字的书面契约和清晰的指示。

二、人际沟通的类型及表现

在领导者的人际关系中，有基于工作的上级关系、同级关系和下级关系等三种重要的关系。按照人际沟通过程中的流向不同，可以把它分为向上沟通、平行沟通和向下沟通。根据领导干部工作特点和工作内容，还可能包括与群众、服务对象的沟通。

（一）向上沟通

向上沟通主要是与上级的沟通，表现为个体代表单位或个人向上级陈述意见、提出建议、报告工作进展或者提出工作请示，也有时就抱怨、批评或有关问题的看法等进行向上沟通。一位管理学家曾经说过，一个人必须要精通与领导相处的策略，才能以最完善的方式通向成功之路，因为每个人都不是孤立的，都是处在一定的等级关系之中。我国现阶段上级关系的特点主要有权力制约性、共识同向性、集中统一性等几个方面。这是在革命和建设实践过程中逐步形成和发展起来的沟通关系。良好的向上沟通，对于处理好同上级的关系非常重要，这对于个人的工作环境、工作绩效、荣辱升迁和精神状态都会产生重要影响。如果因为不重视这种沟通而导致关系不良，既不实际也很难再把工作做好。向上沟通的关键点就是获得上级领导者的认可和支持。这需要通过一定的信息交流形式，如工作简报、情况通报、工作总结以及利用新闻媒体各种渠道等，比较准确地提供上级所需要的情况，主动及时地向上级汇报自己的工作意图、工作进展、工作成绩、存在困难和遇到的问题，以使上级及时了解自己在每个时期的工作情况，用反复强调、多向沟通、实绩启迪等方式争取上级对自己工作的支持。在企业界，还流行着一种做法叫匿名沟通调查，即通过匿名的方式来洞悉员工如何理解工作目标，以及员工对工作和沟通氛围的感受。调查中有许多自由回答的问题，这些问题可以给员工向上沟通提供一个很好的机会，反映他们真正关心的问题。

千叶迪士尼乐园改名记

东京迪士尼乐园位于日本东京千叶县浦安市，是世界上第一座美国国外迪士尼乐园。但是，很多去游玩的朋友都很奇怪，为什么东京迪士尼乐园不在东京，而在距离近50公里外偏僻的千叶县呢？其实，这座迪士尼乐园，原来确实叫"千叶迪士尼乐园"，后来改名为"东京迪士尼乐园"。改名前的一段时间该乐园处于萧条状态，几乎到了破产的边缘。正在乐园老板一筹莫展的时候，员工山本提出了一个绝妙的建议，把"千叶"两字改为"东京"。山本向老板解释道："游客不愿光顾我们的乐园，是因为他们觉得千叶是个偏僻的小县城。如果把名字改为'东京迪士尼乐园'，就会给游客们一个错觉，认为千叶县离东京很近，既然都到东京了，去趟迪士尼乐园很值得。这样，游客们来游玩的兴致就会大大提高。"老板听从了山本的建议，名字一改，果然乐园游客大增，"东京迪士尼乐园"兴旺发展起来，山本也因此受到了重用。

（二）向下沟通

领导工作离不开下级的支持，如何处理好与下级的关系，与下级建立融洽和谐的上下级关系，需要做好向下的沟通。由于权限不同，下级更多的是居于服从或执行的地位，通过良好的沟通让下级积极支持、服从、执行上级领导的决策，顺利完成上级交办的工作任务。向下沟通主要表现在组织内高阶层所拟定的政策、计划、目标、方案等，必须向下传达，使下级在执行和落实上有所遵循。但是，需要注意的是向下沟通中容易出现上级压力导致的从众心理和行为。有人做过这样一个实验：把某一县的机关干部分成两组，就该县县长人选进行民意测验。在第一组进行民意测验时，主持人对 A、B 两名候选人均没有作具体介绍，结果 A 候选人的得票为 49%，B 的得票为 51%。但是，在第二组进行民意测验时，主持人着重对 A 做了具体介绍和肯定，并巧妙地暗示了上级主管领导的倾向性意见。结果 A 的得票为 89%，B 的得票为 11%。此外，员工教育培训、业务指导以及激励引导等，也需要由上往下沟通。一个优秀领导者的主要任务之一，就是通过有效沟通，使得下属的工作积极性提高，能力水平得以充分发挥。比较常见的向下沟通方式为书面文件和召开会议等。书面文件沿着向下的路线传递，可以有发布、公布、批转、转发、颁发、印发等不同形式。文件又按照保密等级分为绝密、机密、秘密、敏感和公开等类别。有些文件还根据职级不同进行下发。而召开会议则是采用口头沟通的方式进行，不论是集中在一起，还是分散在不同的地方进行视频会议，都可以把重要的工作任务尽可能说明详细，也能够结合书面文件一起进行工作解读辅导，对不明之处具有及时反馈和就地解决的作用。特别是简短的会议可以达到减少日常文书工作，也可以增进人际沟通和人际关系。有的单位在每一周的星期一早上都会召集管理者和员工一起召开部门例会，甚至一些国外优秀企业在会前先热身唱厂歌，再进行工作沟通与交流。总的来说，不管是向上沟通，还是向下沟通，都可能存在因为身份地位不同，对同一个问题的看法存在不同差异，尤其是在层级隶属关系特别明显的情况下，这可能成为信息沟通的潜在障碍。就下级而言，常常由于他们"趋上心理"和自卑心理在作怪，可能会出现不如实向上级坦露己见和具体情况；就上级领导来说，时常由于他们的地位优势和自傲心理，不肯轻易向下级袒露心扉，以维持其尊严和神秘感。再加上，上下级之间的修养、情绪、态度、感情等因素，使得上下级沟通的难度和艺术性更为突出。

（三）平行沟通

同级关系是领导者群体内部的重要人际关系。良好的同级关系，既有助于进一步协调上下级之间的纵向关系，也有利于同级之间横向关系的巩固与发展，并能为领导工作创造良好的人际环境。平行沟通主要指同一权力层级人员的横向联系，如在党委系统中，宣传部部长与组织部部长，政府系统中人社厅厅长和教育厅厅长，企业中生产经理与销售经理等等，具体涉及各单位或个人在工作上的交互作用以及工作之外的往来沟通，以促进彼此了解、关怀和协调为目的，避免产生隔阂而影响团结与合作。一般而言，地位相等的人们之间很容易沟通，信息流通也相对比较顺畅。平行沟通可以提高组织内部的灵活性，促进问题的解决以及加强相互间的信息共享。在大数据时代背景下，如何实现跨部门的信息互享确是提升管理效率的重要内容。一个部门需要的信息在另外一个部门才有，通过部门协作、平行交流实现信息分享，从而减少不必要的重复劳动。但是，事实上它不同于上下沟通，基本不可以运用权力进行沟通，并且强制力较弱，因此，这种沟通方式需要更多的艺术性。在电影《杜拉拉升职记》中反映出外企中的行政部是没有存在感的部门，得不到应有的重视，而销售部则比较强势，两个部门在组织沟通中存在障碍。企业管理中经常存在各自为政、互不理解，沟通不畅的问题。比如，生产部门认为从事生产工作，每天都很辛苦，工作环境也不好，公司的产品是他们生产出来的。财务部门的人却不支持买先进设备，他们不体谅自己的困难。毕竟因为有了生产部门，才有了产品。如果没有他们，公司又如何做生意呢？而财务部门则认为公司资金的守护神，必须控制成本以确保利润，如果让生产部门的主张得逞，就会买更多、更昂贵的机器设备而浪费资金，减少利润。由于各部门都以本部门利益为重，没有从整体和大局考虑单位发展，就很容易产生矛盾冲突。在现实生活中，同级干部之间在工作中经常在一起开会、学习以及合作完成上级任务，在思想、生活等各个方面频繁接触，交流也比较广泛，相互之间容易相互沟通，同时也容易相互碰撞，并且可能存在竞争关系，所以，协调好同级关系一定要平等合作，优势互补，而不是尔虞我诈，相互拆台，通过开诚布公地沟通信息，经常交换意见，并以大局为重，互帮互学、相互促进。

三、人际沟通中的心理方位和心理距离

中国移动有一句经典广告语："沟通从心开始。""从心开始"表明用真心和真诚筑起心与心之间的桥梁，并且在信息高度发达的社会里，愈加显得重要。在古代，时空可以阻断人与人的交往，所以才有很多文人墨客在思念亲人、怀念友人。当时空距离的被拉开以后，人与人的沟通会减少，甚至停止，所以导致亲情关系疏远。当今，交通的便捷和通讯的发达使得时空距离不再是沟通的障碍，跨国公司林立便能很好地解释这一点。在20世纪60年代，美国社会心理学家斯坦利·米尔格兰姆（Stanley Milhram）做过一个研究叫"六度分离"，他要求内布拉斯加州（A点）的200个人写一封信（平信）寄给马萨诸塞州（B点）一个题目不认识的人。A点的每一个人不得不先把这封信寄给一个他认识的人，然后希望这个人认识B点的那个人所认识的某个人。米尔格兰姆想知道，究竟需要中转多少人才能让这封信从A点传递到B点。结果显示：平均需要六个。也就是说，每六个人就可以形成一个时空网络，进行有效的沟通。

（一）心理方位

心理方位（Psychological Position）主要是指交往双方在人际互动中所产生的心理上的主导性和权威性的程度，它是衡量和评价人际关系的基本指标之一，具体包括心理等位关系和心理差位关系两个方面。心理等位关系反映的是沟通双方在交往中的平等性，领导者不存在上下心理等级的思想观念。一个领导干部没有架子，平易近人，能够很好地与下属沟通交流，就属于典型的心理等位关系。而心理差位关系强调的是沟通双方中有一方处于心理上的主导性和权威性位置，另一方处于被动和顺从位置。沟通的心理定位存在高低、主动被动的关系。把心理差位按程度可以分为四个等级：超强差位、显著差位、中强差位和微弱差位。具体而言，在超强差位的关系中，处于下位者对上位者的意见绝对服从，完全不存在怀疑；在显著差位的关系中，处于下位者对上位者的意见立即照办，有不同意见但仅在心里保留；在中强差位的关系中，处于下位者对上位者的意见表示尊重，有不同意见可以委婉提出；最后在微弱差位的关系中，处于下位者对上位者较为尊重，但是可以按照自己的意愿决定是否照办，并可以坦率地提出不同的意见或建议，甚至可能出现反向行为。

心理方位的形式是多样的，这取决于不同的划分依据。一般来说，按照关系确定的方式可以分为法定型和精神型。法定型主要是确定交往双方心理方位关系的因素由社会地位或角色关系决定，但不一定得到对方的心理认可。如果只产生了表面上的认可而实际上并不认可，就会影响双方的沟通质量。比如，一个下属在人际交往中对他的上级表现为尊重，属于法定型的尊重，但是他不一定从心理上尊重或认同上级的这种权威，不愿意主动交往，甚至躲避交往。而精神型则是确定交往双方心理方位关系的原因是基于双方心理上的相互认可，存在一种内在的认可关系。这种关系一般不与社会地位及角色具有完全对等的关系，主要体现在交往双方在彼此了解之后，内心自愿服从这种关系属性。比如，一个学生与一个老师交往后，觉得这位老师的能力让自己非常佩服，就会对老师表现尊重和爱戴，认可老师的权威并愿意主动接受老师的教育指导，甚至是毕业以后仍就一些重要问题进行请教和沟通交流。此外，按照表现形式可以分为外显型和内隐型。外显型主要体现交往双方的心理方位在角色行为表现上具有明显的高低之分，旁观者能够迅速分辨，上位者的尊严体现明显，且双方在公开场合承认彼此的这种差位关系。比如领导与秘书的关系，从其语言、非语言表现、行为特征等方面能够快速分辨心理上下位关系。而内隐型中沟通双方的心理差位关系在外显行为上表现不明显，旁观者难以分辨双方的心理方位。这种心理方位可能有两种情况，一种是处于上位者由于某种原因在公众场合有意识地维护下位者的尊严，以及掩饰自己上位者的身份；另一种是处于心理下位者由于某种原因不愿意承认自己与上位者之间的心理差位，有时极力否认这样的关系。再者，按照确定的时间可以分为始定型和渐定型。始定型主要反映双方在开始建立人际关系时就明确了各自的心理方位关系，但是，随着双方互动交流的频繁和加深，双方的心理方位关系也有可能会发生改变。一般来说，这种心理方位的建立常常受到个人性格特征、交往行为特点的影响，如果交往的一方在交往初始阶段就表现出一定的威严或优势，很容易在人际交往中获得心理上位。而渐定型中双方在开始交往阶段还没有形成定位型的人际关系，在人际互动的过程中逐渐确立双方的心理方位关系。比如，两个人在一段较长期的、不分上下位的人际互动之后，双方之间的心理方位有了雏形，并经过一段强化之后形成了稳固的关系模式。一般认为，始定型的心理方位关系受刻板印象等因素的影响，比较容易发生改变，特别容易出现由上位变下位的关系。而渐定位型的上位关系，多是建立在始定位的等位关系上，一个社会角色在群体中取得稳固的、实际的心理上位，一般不是在人际互动的初始阶段就拥有始定位的上位状态。

近体学①

美国人类学家爱德华·霍尔（Edward Twitchell Hall）对人类交往的空间距离问题所进行的研究很有名，提出了"近体学""人类空间统计学"等概念。霍尔认为在人们沟通时互动双方的空间由近及远可以分为四圈，分别为亲密距离、个人距离、社交距离和公共距离。亲密距离（0～44厘米）：在此距离内，人们的身体可以充分亲近或直接接触。沟通更多地依赖触摸觉，而不是视觉和听觉。在正常情况下，该距离是高度私密的，非正式的，只有夫妻、情侣、父母与孩子以及知己密友才能进入。私人距离（44～122厘米）：这是非正式场合下，朋友和熟人之间进行交谈、聚会等适当距离。身体接触很有限，主要用视、听觉沟通。陌生人也可以进入这个距离，不过沟通时保持的距离更靠近远端。社交距离（1.2～3.7米）：该距离适

① 全国十二所重点大学联合编写：《心理学基础》，教育科学出版社，2002年版，第298页。

宜于正式社交场合，沟通没有任何私人感情联系的色彩。人们在正式社交活动、外交会谈、处理公务时相互保持这种程度的距离，沟通进行时，需要更清楚的口头语言和充分的目光接触。公共距离（3.7米以上）：这是完全开放的空间，可以接纳一切人，适合于陌生人之间，演讲者与公众之间进行沟通。人们对人际空间距离的处理，除了受到互相互了解和亲密程度的影响外，还受到文化背景、社会地位、性别等因素的影响。

（二）心理距离

人际沟通中的心理距离是指交往双方由于情感亲疏程度不同而表现出关系上的距离变化。心理距离有正负之分，当双方之间的心理距离比较接近，即为正性人际关系，一般用心理相容性来表达。而当相互之间的心理距离比较疏远，就是负性人际关系，一般用心理相斥性来表达。人们可以依据心理距离的正负状况，来对人际交往进行心理决策或决断。在心理距离正负等级的基础上，人际沟通还可以根据行为指标及交往模式等具体指标进行细分，共有九个等级。不同心理距离的人际沟通，具有不同的交往特点。

一方面在正性心理距离中，根据心理距离尺度由近及远可以分为四个等级。四级：心理距离最近，关系仅限于知心朋友。双方极度信任，交往模式亲密且频繁，交流推心置腹，可向对方袒露所有个人隐私。行为表现为设身处地为对方着想，主动向对方提供忠诚的帮助，为对方做事不图回报，甚至不惜自己的利益维护对方。三级：心理距离很近，关系仅局限于好朋友。双方相互较信任，交往较多，交流推心置腹，向对方袒露一切不影响个人的隐私。行为表现为能主动向对方提供帮助，为对方做事不图回报，甚至牺牲自己部分利益维护对方。二级：心理距离较近，关系局限于朋友。双方相互较信任，交往模式为礼尚往来，知恩图报。行为表现为相互之间有一定的好感，主动向对方提供帮助，但有回报的期望。一级：心理距离一般，关系一般为初次相识的人。交往模式如萍水相逢，很少有亲密接触。双方之间交流一般为相互寒暄，不向对方袒露自己的心声。行为表现为双方心理上有一些好感，有再次交往的意图，能够与对方合作。

另一方面在负性心理距离中，按照心理距离尺度，可以把负性心理距离由近及远分为四个等级。一级：心理距离稍远，关系可以喻为"对手"。交往模式为双方互不来往，心理上有一定的隔膜。行为表现为双方尚能同处一室，但一方有较差的言行时，双方会发生矛盾。二级：心理距离较远，关系可以喻为"冤家对头"。交往模式为双方针锋相对，心理上有排斥对抗的情绪。行为表现为不能和平共处，彼此间有外显或内隐的冲突，双方的矛盾较为突出。三级：心理距离很远，关系可以喻为"劲敌"。交往模式为双方势不两立，心理上有一定强烈的排斥情绪，会出现攻击等过度的反应倾向。行为表现为冲突表面化，有报复之心。但一般不采取极端的行为。四级：心理距离最远，关系可以喻为"宿敌"。交往模式为双方剑拔弩张，心理上有恨之入骨的感觉，会出现攻击等极端过度的反应倾向。行为表现特征为随时想将对方置于死地。

除了正负性心理距离之外，还有零级心理距离，即心理距离无所谓，关系如匆匆过客，交往模式为互不相干。行为表现为双方心理上没有太多的感觉，也无再次交往的愿望。

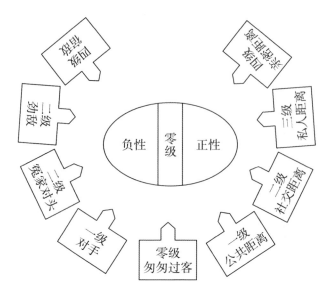

图 5 - 1　人际沟通中的心理距离等级

四、提升领导干部的人际沟通力

美国哈佛大学肯尼迪政府学院举办的高级行政官员培训项目非常的有名，这个培训班上所有的课程，主旨都是教会官员如何沟通、协调、合作和决策。在这个过程中，如果不注重自己的表达，没有自己的思考，几乎不可能找到解决问题的办法。在领导者的实际工作中，人际沟通可以是分层次的。因为人的沟通能力有大有小，根据不同的人际沟通能力可以把沟通划分为三个层次：沟而不通、沟而能通、不沟而通。领导干部如何把沟而不通的问题解决，使得沟而能通甚至不沟而通，这就需要不断提升领导干部的人际沟通力。

（一）培养良好的演讲能力

认知是行动的先导，不管是重大决策、创新想法、工作布置，都需要领导干部清晰地表达出来，这样才能实现信息有效传递。在日常工作中，领导干部经常开会发言，或者代表自己的单位进行陈述汇报。具有良好的演讲能力和说服技巧是领导干部获取肯定和赢得认同的重要条件。正如美国社会学家马丁·路德·金（Martin Luther King）在《我有一个梦想》演讲词中说道："我们无法回头，有很多人在问献身民权的人，你们什么时候才会得到满足？只要黑人仍然是令人发指的警察暴力行为的受害人，我们就得不到满足……"这段演讲词用了大量的实例、简洁的短句、朗朗上口的词语，使得演讲主题非常突出，内容深入人心，振聋发聩。所以，演讲时内容简洁，逻辑清晰很重要。心理学中有一个术语叫心理定格，就是通过使用语言来管理意义的方式。领导者可以使用这种工具影响人们注意到的问题，以及引导下属对世界的认知、对于事件的了解、对于因果关系的信念以及对于未来的愿景。

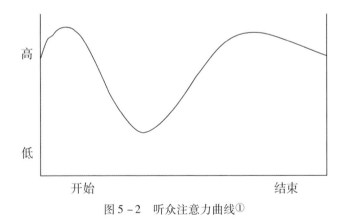

图 5－2　听众注意力曲线①

此外，领导者也要注意演讲内容的长度和时长，长篇大论

① 人力资源和社会保障部职业技能鉴定中心：《与人交流能力训练手册》，人民出版社 2011 年版，第 253 页。

往往容易产生"超限效应"。美国幽默作家马克·吐温（Mark Twain）有一次在教堂里听牧师演讲。一开始的时候，他觉得牧师讲得不错，很让他感动，于是准备捐出一打钱。可是十分钟过去了，牧师还没讲完，他有些不耐烦了，就决定只捐一些零钱。又过了十分钟，他发现牧师还没讲完，于是就放弃捐钱的想法，1分钱也不捐了。终于等到牧师结束冗长的演讲，马克·吐温出于气愤，不但没有捐款，还从盘子里拿走了2美元。此外，要根据听众注意力两头高中间低的曲线特点，在进行说服演讲时千万不要把重要的内容"埋藏"在中央地带，重点应放在显著的位置：开头或者结尾的部分。

在演讲方法的选择上，美国伯都大学的演讲学教授阿兰·门罗（Alan Moroe）发明了"门罗促动顺序"，早期适应于政策问题的演讲，后来发展并广泛应用于其他演讲领域。这种顺序共分为五个步骤，即注意力、需求、满足感、形象化和行动。也就是先得到听众的注意，提起他们的兴趣，然后让他们感觉到有变更的需求，再通过提供问题的解决方案来满足这种需求感，并形象化地强化实现这个方案的欲望，最后听众被说服并顺利实施召唤行动。在演讲内容上，不能仅是干巴巴的归纳和总结，还需要强有力的论证材料来支撑自己的观点。罗伯特·B·西奥迪尼（RobertB. Cialdini）在其著作《影响力》一书中描述了"六大说服原则：权威性、偏好、社会证明、互惠性、一致性、稀缺性"，其中权威性、社会证明这两个原则都是从内容上进行强调的，因为人们更容易被演讲者个人的事例打动，并且需要来源可靠的统计数据及解释支撑，引用来源权威的话语（必要时说出他们的经历）可以体现语言的权威性，这样容易被人们信服。

一所特殊的语言学校

联邦德国教育学家迪克托（Diketo）发现，一些政界大人物在公众场合讲话时经常结结巴巴、词不达意或表情呆滞。于是，他决定在首都波恩创办一所特殊的语言学校，专门针对西德的部长或议员以上行政级别的领导人物。为此，他还从全国各地请来最优秀的演说家和职业演员。进入这所学校的学员，首先要观看出色演说家的演讲录像。然后，从音调、词语、句型、手势到面部表情都被一一加以训练。在训练时，很多人被临时抽走讲稿，"被迫"即兴演说。针对口若悬河但离题万里的人，迪克托安排他们进行限时演讲训练。西德的前总理威利·勃兰特（Willy Brandt），以及前总统理查德·魏茨泽克（Richard F. V. Weizsacke）都是这所学校的优秀学员。

（二）善于倾听下属和群众心声并积极反馈

倾听是一种无声的语言，它能让尊重体现得淋漓尽致。在心理咨询领域中，倾听技术是建立信任的咨访关系、胜任心理咨询师工作的必备技能之一。研究表明，人们花在倾听上的时间多于其他沟通形式，很多人却低估了讲话能力而高估了倾听能力。一般而言，一个人说话的速度是平均每分钟150个单词左右，但是，倾听的速度可以达到平均每分钟超过400个单词。有的领导干部缺乏耐心，没等下属把问题说完就打断了，以为自己遇到了相同或相近的问题，臆断事物发展的状况而曲解下属的意思，照搬原有的工作模式或办事方法，结果导致事态蔓延或者延误机遇。有的领导干部喜欢听好话，不愿意听"不和谐"的声音，认为下属所述的事情是给自己添麻烦，对老百姓关心的事情置之不理，下属心理产生纠结，导致问题久而不决，轻则影响下属的工作积极性，工作效率下降，重则导致组织公信力下降，甚至引发干群之间的矛盾冲突。因此，领导干部需要扑下身子，倾听下属和群众心声，敞开心扉对话。比如，健全领导接待日制度、设立批评意见箱、召开各类人员座谈会、引导群众提合理化建议、召开新闻发布会、进行民意测验、开展专题讨论等等，营造良好的倾听氛围。罗伯特·博尔顿（Robert Bolton）在其著作《为人技巧》一书中，把主动倾听分为三种类型，一是显示倾听外部环境的"关注技巧"，采用非语言行为/讲话者的非语言行为/合适的环境进行；二是鼓励他人讲话的"跟进技巧"，利用开场/少许的鼓励/沉默/间歇的、引导的提问；三是理解并总结信息的"诠释技巧"，进行阐释/做总结性陈述。

很多沟通问题都是由于误解或者理解不准确造成的。如果领导者询问下属："你明白我的话了吗？"不管他得到的答案是肯定或否定，都意味着一种反馈。当人们的判断反应为批评、表扬、诊断或者骂人；当人们的回避反应为转移话题、使用逻辑性的论点或者安慰；当人们试图解决问题的反应是提供建议、命令或威胁、提问过多，都容易产生倾听障碍。美国心理学家克里斯·艾格瑞斯（Chirs Argyris）认为，如果反馈是用威胁的方式传达的，就会产生反感并降低学习和改变的可能性。有效的反馈信息能够让当事人清楚地识别行为并缓解人际关系紧张程度，减少怨恨和反感。因此，可以尝试使用三段式信息：客观地描述行为（不要猜测他人的动机、不要将个例普遍化、不要使用带影射的词汇）、确定自己的反应（针对当时的情形做出理性的反应、使用恰当的"感觉词语"）、解释行为的影响（指出确定的影响、将这种影响与对方的需求联系起来、顾及对方的感受）来实现积极反馈。心理学家曾经做过一个心理学实验，把一个班的学生分成三个小组，每天学习之后就进行小测验。对第一小组的做法是每天都把测验结果告诉学生，对第二小组的做法是每一周才把上一周的测验结果告诉学生，对第三小组的做法是不告诉测验结果的任何信息。如此进行了两个月的教学，然后改变做法。把第一小组跟第三小组对调，第二小组保持不变，同样也进行了两个月的教学。结果发现，第二小组的学生成绩稳步上升，第一小组和第三小组的情况却出现大反转：原本学生成绩优秀的第一小组出现了严重下滑，而第三小组的学生成绩却突然上升。究其原因，这就是积极反馈带来的明显变化。所以，它也同样适用于干部群众间的交往，不要让群众意见箱成为"哑巴箱"，及时回应群众关切是新形势下融洽干群关系的有效方法。

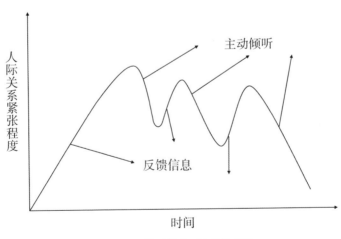

图 5 - 3 传递信息/倾听关系①

————————————

① ［美］巴内（Baney, J.）：《人际沟通指南（中文）》，刘志刚、袁瑛译，清华大学出版社 2004 年版，第 23 页。

麦当劳的走动式管理

美国麦当劳快餐店创始人雷·克罗克（Ray Kroc），不喜欢整天坐在办公室里，他大部分时间都在走动，即到所属各公司、各部门走走、看看、听听、问问。公司曾有一段时间面临严重亏损，大家把许多宝贵的时间耗费在抽烟和闲聊上。于是，克罗克想出一个奇招，要求把所有经理的椅子靠背都锯掉，经理们只得照办。刚开始，很多人都骂克罗克是个疯子，但不久大家悟出了他的一番"苦心"，纷纷走出办公室，开展"走动式"管理，及时了解情况，现场解决问题，终于使公司扭亏转盈，有力地促进了公司的生存和发展。

（三）用好谈心谈话这个"利器"

俗话说，话是开心的一把钥匙。由于领导者代理组织的角色，利用"谈心谈话"可以很好地了解员工的工作表现及思想认识状况，让他们更好地反思、评价和认识自己，突出人性化的关爱激励功能。在人与人沟通交往的过程中，每个人由于视角不同，所沟通的关于自我的信息可以增进自我意识。"乔哈瑞窗"（Johari Window）就是这样心理现象。由美国心理学家约瑟夫·勒夫特（Joseph Luft）和美国心理学家哈林顿·英厄姆（Harrington Ingham）共同绘制的自我意识不同区域，说明反馈是能够提升自我意识的最有效途径。四个彼此衔接的窗格：一个透明玻璃的窗格（开放的自我），一个是不透明的窗格（不自知的自我），一个是内层反光的窗格（闭塞的自我），还有一个是外层反光的自我（隐藏的自我），四个窗格可以形成多角度、全方位的自我认知评价。

表 5 - 1　乔哈瑞窗

	自己知道	自己不知道
别人知道	开放的自我	盲视的自我
别人不知道	隐藏的自我	未知的自我

　　此外，在谈心谈话中充分捕捉非语言信息，能够更好地提升沟通质量。刺耳的警笛、路口的交通指示灯都不是通过文字告诉我们信息的。谈心谈话属于面对面的沟通，当领导者想向下属说明他的工作有了变更，谈心谈话的沟通会比其他沟通更好，因为这样能够就他的疑问和问题进行当面解释。乔纳森·布朗（Jonathan Brown）通过大量的研究分析并综合已有的研究结果，对个人表达与正式自我状态的对应性关系进行了总结。一般来说，轻柔、平稳的声调会传递出感兴趣的意义，它与刺耳尖利、重音放在最后一词所产生的意义完全不同。一副咆哮的面孔所表示的信息，肯定与微笑不同。手部动作、面部表情以及其他姿态能够传递诸如攻击、恐惧、愉快、愤怒、腼腆、傲慢等情绪或性情。哈佛大学安姆巴蒂心理学教授（Ambady）做了一个非常有趣的实验，他让两组学生分别评估几位教授的授课质量。他把这几位教授的讲课录像带先无声地放两秒钟给一组学生看，得出一套评估结果。然后与那些已经听过这几位教授几个月讲课的学生的结果进行对比，两个小组的结论竟然惊人地相似。这表明，在表达自己思想的过程中，非语言表达方式和语言同样重要，有时作用甚至更加明显。

你善于交谈吗?①

对下列题目做出"是"或"有时"或"否"的选择。

1. 你是否常觉得"跟他多讲几句也没意思"?

2. 你是否觉得那些太过于表现自己感受的人是肤浅的和不诚恳的?

3. 你与一大群人或朋友在一起时，是否常觉得孤独或失落?

4. 你是否觉得需要有时间一个人静静的，才能清醒头脑和整理好思路?

6. 在与一群人交谈时，你是否时常发觉自己在东想西想一些与谈论话题无关的事情?

7. 你是否时常避免表达自己的感受，因为你认为别人不会理解?

8. 当有人与你交谈或对你讲解一些事情时，你是否时常觉得很难聚精会神地听下去?

9. 当一些你不太熟悉的人对你倾诉他的生平遭遇以求同情时，你是否会觉得不自在?

分数计算与解释：每题选"是"记3分，选"有时"记2分，选"否"记1分。各题得分相加得总分。22～27分，表示

① 刘郁:《人际交往自测与咨询》，浙江人民出版社1999年版，第46－47页。

你只有在极需要的情况下才同别人交谈，或者对方与你志同道合，但你仍不会以交谈来发展友情，除非对方愿意频频主动与你接触，否则你便总处于孤独的个人世界里；15～21分，表示你大概比较热衷与别人交朋友，如果跟对方不太熟悉，你开始会表现得很内向似的，不太愿意跟对方交谈，但时间久了，你便乐意常常搭话，彼此谈得来；9～14分，表示你与别人交谈不成问题，你非常懂得交际，善于营造一种热烈的气氛，鼓励对方多开口，彼此十分投合。

（四）发挥网络沟通渠道优势

随着科技的日新月异，人际沟通的方式也在发生着巨大变化。互联网作为信息沟通不可或缺的桥梁和支撑，截至2018年6月，我国网民规模达8.02亿人，其中手机网民数已达7.88亿人通过手机等移动通信工具接入互联网的比例高达98.3%。这对领导者学网、懂网、用网提出了新要求。习近平总书记在中共中央政治局会议上深刻指出，各级领导干部特别是高级干部如果不懂互联网、不善于运用互联网，就无法有效开展工作。2010年，某直辖市就对基层干部与网俱进的状况进行过调查，发现：基层干部全体上网率已超过90%以上，但多数为浅层面单向触网形态，81%的人只是上网看看新闻，不会（不熟练）运用即时通信工具的占42.7%，对微博等社交网站完全不了解的达81.3%。因此，领导者学网、懂网，特别是用网的能力水平有待进一步提高。领导者只有学网懂网用网，创新电子政府、微信、QQ等沟通形式，才能更好地感知社会势态和畅通沟通渠道。有研究直接把应用网络、应对网络的能力称之为"网商"，并把它作为领导干部胜任岗位的重要能力之一。《人民日报》发表一篇文章《"面对面"交心"键对键"倾听》描述称，四川省德阳市市长赵辉开通微博与他的粉丝进行互动。"各位亲，欢迎反映问题，但注意留下联系方式，否则又是我失礼了，不能及时服务您""赵市长，袁家大桥变危桥已经几年……希望您处理一下""知了，交代下去看看有啥问题"……因此，领导干部首先要能够放下身段，与基层的群众开展有效的互动交流，利用扁平化的网络平台，积极拓展平等、开放、灵活的交流空间。领导干部还要敢于运用网络媒体与群众开展交流沟通，通过方便、快捷的网络渠道畅通信息交流，在坚定的政治品质和正确的政治方向中规范自己的一言一行，对下属和群众所反映的问题进行不超越自己职权范围的解释和回应，做到既朴实温暖又不丧失原则。《瞭望》杂志曾经报道，网络时代的"官场新警示"，即开会发言不抽名烟，出席会议不戴名表；基层视察不打雨伞；灾难发生不露笑容；突发事件不当新闻发言人。这也反映了当前干部群体仍对互联网存在不同程度的畏难和畏惧心理。只有领导者解放思想，主动触"网"，及时回应群众关切，才能不断提升网络沟通的能力水平。

此外，领导者要注意上下级沟通的对位关系，即使网络渠道的便捷及扁平化，一般也不能越级沟通。在《杜拉拉升职记》中有这样一个片段：杜拉拉对直接上司玫瑰有意见，就与平级的王蔷讨论，结果王蔷打抱不平，直接给玫瑰的上级李斯特发了一封告状邮件，李斯特又把这个邮件原封不动的回传给玫瑰。显然，李斯特的转发表明了自己的态度。王蔷没有按照沟通程序进行沟通，结果也丝毫没有意外：她很快就被玫瑰开除了。再者，领导者要掌握与群众沟通交流的用语方式。某直辖市在对1000多名基层干部进行调查发现，在与网民在线交流有哪些顾忌的时候，21%的人担心说错话表错态。特别是"亲""扎心了""尬聊""皮皮虾""锦鲤""佛系""C位"等网络语言层出不穷，领导干部要学会使用群众能够理解和比较接地气的语言与群众进行沟通交流，这样才能取得更好的沟通效果。而要做到这一点，领导干部需要具有长期"网上"和"网下"深入群众开展调查研究的经验积累。"网上"的重点在于交流沟通、了解情况，解决问题重点放在"网下"。最为关键的是积极回应群众所关注的问题，站在群众的立场上，主动回应群众关切，这才是有效沟通的最根本保证。

自我评定：面对面交流时你的沟通能力怎么样?[①]

序号	问题	经常	有时	很少
1	别人曾经误解你的意思吗？			
2	当与别人谈话时，你经常离开谈话的本意而跳到别的话题上吗？			
3	有人曾经让你进一步确认你的意思吗？			
4	你嘲笑过他人吗？			
5	你总是尽量避免与他人面对面交流吗？			
6	你总是尽量表达你的意思吗，并且以你认为是合适的方式与他人交谈吗？			
7	交谈时，你注视着对方的眼睛吗？			
8	谈话结束时，你是否询问他或她明白了你的意思吗？			

①　许玲：《人际沟通与交流》，清华大学出版社2007年版，第22页。

（续表）

序号	问题	经常	有时	很少
9	你总是找一个合适的时间和地点与他人交谈吗？			
10	你总是把事情的前因后果都澄清给别人吗？			
11	如果你要表达的意思很复杂，令人难以明白，你会事先考虑吗？			
12	你征求过别人的观点吗？			

评分标准：第 1～5 题，回答"经常"得 1 分，回答"有时"得 2 分，回答"很少"得 3 分；第 6～12 题，回答"经常"得 3 分，回答"有时"得 2 分，回答"很少"得 1 分。得分在 32 分以上，具有很强的与他人面对面交流的能力，但是在某些方面或许还有提高的余地；得分在 26～32 分之间，具备一定的能力，但有待进一步提高；得分在 26 分以下，技能亟须全面提高。

第六章

领导干部的人际吸引力

人与人之间的关系是亲近还是疏远，这取决于相互喜欢或接纳的程度。为什么现实生活中有的人"人见人爱"，无论到哪里都有很多乐于与他交往的朋友，而有的人却孤独无援，朋友寥寥呢？这就是人际吸引力的问题。1937 年，美国著名人际关系学大师戴尔·卡耐基（D. Carnegie）出版了一本书，名字叫《怎样赢得朋友及影响他人》。由于其内容中的人际准则和基本信条，符合人本性的需求和发展的需要，所以这本书出版后一时供不应求，很多国家也争相引介出版，被翻译成至少 35 种文字，几十年畅销不衰。这一事实至少反映了两个方面：其一是这本书具有经典性，内容务实管用，得到人们普遍认可；其二是人们在现实生活中被接纳和喜爱的需要非常强烈和比较普遍。

一、人际吸引力及其原因

吸引力，原指一个物理概念，也称"引力"，是自然界中四大基本相互作用力之一，具体为有质量的物体之间相互靠近的趋势。后来，它被引入心理学领域之中，指能够引导人们沿着一定方向前进的力量，组织目标、奖励、职务晋升或者荣誉等都可以是一种吸引力。而人际吸引力则反映个体与他人之间情感上相互接纳、相互喜欢的状态。按照吸引的程度，可以把人际吸引力分为亲和、喜欢和爱情。亲和体现了关系中的亲近、和谐。在干部与群众之间建立亲和的关系是领导干部积极努力的方向选择。关于人际吸引力产生的原因，主要有三种解释：一是本能使然，即人对他人产生驱力，可能是出于本能。德国行为学家海因洛特（Heinroth）发现，刚破壳出生的小鹅会本能地跟随它出生后第一眼见到的自己母亲后面，即使第一眼所见到的不是自己的母亲，而是其他活体，它依然会自动地紧随其后。出生后的社会接触本能，旨在寻找"双亲同伴"或"儿童同伴"关系。二是追求和保持温暖、安全的愿望。当个体有了自我意识之后，人们就会倾向于获得一种具有相同利益和态度的感觉以及被需要的感觉，这样一来人的价值感就更容易确立，形成相互尊重、彼此欣赏的和谐氛围。三是奖励和交换的需要。一般来说，人们会对给自己带来奖励或与自己获得奖励相关的人产生好感，由此形成人际吸引。而当我们认为与某人的交往收益大于付出的时候，我们也就会被他吸引。美国心理学家乔治·卡斯珀·霍曼斯（George casper Homans）发现，人与人之间的交往本质上是一个社会交换过程，只有当一种关系对人们来说是值得的，人们之间的交往行为才会出现，人际关系才得以建立和维持。

二、影响人际吸引力的主要因素

人际吸引是双向的，它不仅取决于个人的吸引力，还取决于相互间的吸引力。人们相互间会不会产生吸引力，其大小强度如何，都受很多因素的影响和制约，其中主要有以下几个影响因素。

（一）个性品质

如果说外表因素能够第一时间产生吸引效果，那么个性品质却是能够更为持久的保持吸引的重要因素。当一个人具有令人羡慕，或者让人产生愉快体验的个性品质时，那么他的吸引力就比较强。美国心理学家安德森（N. H. Anderson）研究了影响交往关系优劣的个性品质因素。他把个性品质划分为三种类型：最积极品质、中间品质、最消极品质，即对人际关系的影响积极、一般和消极。在每一列品质之中，品质特征的影响力从上到下逐渐减弱。他发现排在序列最前面、喜爱程度最高的六个品质为：真诚、诚实、理解、忠诚、真实、可信，而排在序列最后、喜爱水平最低的六个品质为说谎、装假、邪恶、冷酷、不老实、令人讨厌。当然也要注意"致命吸引"这一现象，即最初吸引人的某些个性品质成为了人际关系中最致命的缺陷。比如，男性事业成功、自信变身为独断的工作狂，女性的聪明、自立表现为过强的自我，这些都会进一步影响和制约人际交往的积极发展。

对于领导干部而言，具备智慧、幽默、乐观、进取、公平、正直、宽容、有爱心等个性品质，就能够创造出一种独特的风格把其他人吸引过来，凝聚在自己周围，营造出和谐愉悦、可信赖、富有人情味的环境工作氛围，引导激励下属潜能发挥，不断提升工作效能。美国前总统理查德·米尔豪斯·尼克松（Richard Milbows Nixon）在《领袖们》一书中这样评价周恩来："他的敏捷机智大大超过我能知道的其他任何一位世界领袖。这是中国独有的、特殊的品德，是多少世纪以来的历史发展和中国文明的精神结晶。他待人非常谦虚，但是沉着坚定。他优雅的举止，直率而从容的姿态，都显示出巨大的魅力和泰然自若的风度。"美国前国务卿享利·阿尔弗孟德·基辛格（Henry Acfred. Kissinger）曾经在《论中国》一书中直言不讳地表示，周恩来是他在60年来的公职生涯中遇到过的最有魅力的人。所以说，周恩来同志在国际政治舞台上为我国赢得尊重和平等地位，扩大国际影响力，建立和巩固与世界人民的深厚友谊做出了卓越贡献。

表6-1 影响人际关系的主要个性品质①

最积极品质	中间品质	最消极品质
真诚	固执	古怪
诚实	刻板	不友好
理解	大胆	敌意
忠诚	谨慎	饶舌
真实	易激动	自私
可信	文静	粗鲁
智慧	冲动	自负
可信赖	好斗	贪婪
有思想	腼腆	不真诚
体贴	易动情	不善良
热情	羞怯	不可信
善良	天真	恶毒
友好	不明朗	虚假
快乐	好动	令人讨厌
不自私	空想	不老实
幽默	追求物欲	冷酷
负责	反叛	邪恶
开朗	孤独	装假
信任	依赖别人	说谎

---

① J. L. Freedman. et al：Social Psychology（5th ed.）. NJ：Prentice - Hall Englewood Cliffs，1985：212.

（二）熟悉度

美国社会心理学家罗伯特·扎琼克（R. Zajonc）的研究表明，熟悉的本身就能够增加一个人对于某种对象的喜欢。当我们暴露在某一刺激下越多，就越可能对其产生好感。在营销领域中，很多广告反复出现，旨在刺激潜在消费者由熟悉到喜欢的转变，最终购买某种商品。即使当前根据阈下知觉的原理植入式隐性广告，也可以理解为通过提升商品的熟悉度来促进购买行为。20 世纪 60 年代，心理学家曾经做过一个实验：向参加实验者出示一些人的照片，有些照片出现了二十几次，有的出现十几次，而有的只出现一两次。之后，请看照片的人评价他们对照片的喜爱程度。结果发现，参加实验的人看到某张照片的次数越多，就越喜欢这张照片。他们更喜欢那些看过二十几次的熟悉照片，而不是只看过几次的新鲜照片。与人们惯常以为的"喜新厌旧"相反，看的次数增多反而增加了喜欢的程度。

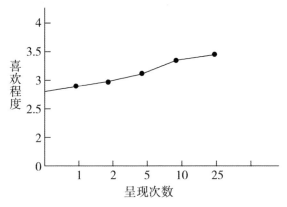

图 6-1　呈现次数与喜欢程度的关系①

① Zajonc R. B：Attitudinal Effects of Mere Exposure. *Journal of Personality & Social Psychology Monograph Supplements Pt*，1968（9）：1-29.

在另一个实验中，心理学家安排四名吸引力相等的女大学生安静地坐在教室第一排，前提是教室里的其他学生都能看到她们，但是不能出现相互交流的机会。每位女大学生出现在课堂上的次数在 0 次到 15 次之间。学期结束时，研究者播放这些女大学生的幻灯片并请班级的学生看，要求他们对这些女大学生的吸引力做出评分。研究发现：随着出现次数的增加，吸引力程度上升。但是，是不是越熟悉的事物，人们越对其产生好感和吸引力呢？这可能还要看所熟悉事物的性质。1971 年波尔曼（D. Perlman）进行过一项研究，他给被试看三种不同类型的图片：正面人物（科学家、牧师等）、中性人物（身穿运动 T 恤的普通人）、反面人物（警察局里的罪犯）。研究发现，熟悉能够增加被试对于正面和中性对象的喜欢水平，但是对于反面对象却没有产生明显影响。因此，领导干部需要以正面形象深入群众和一线，才能增强对群众和下属的吸引力。

（三）公众形象

公务员，是代表国家依法履行公职的工作人员，其一言一行都代表着党和政府的形象。群众百姓很容易通过一部分领导干部的日常与个人行为，推测我们整个干部队伍集体的工作状态和服务态度，这就可能成为他们心目中党和政府形象产生的现实素材。人际交往中有一种较为常见的心理现象，叫"第一印象（首因）效应"。它指的是初次见面的时候交往一方会对另一方产生某种印象判断，这种判断进而影响交往的发展。因此，越来越多的人在穿戴打扮、言谈举止等方面进行关注，注重公共礼仪知识的学习，在商务谈判、公务交流和事务合作等领域进行必要的印象管理。德国心理学家兰德（D. Landy）和赛格尔（H. Sigall）在 1974 年做过一个实验，他们让实验组被试阅读附有作者照片的一些文章，文章的水平有高有低，作者有漂亮有不漂亮。另外，让对照组的被试只看没附照片的同样文章，然后两组在阅读后作出评价。结果同样的文章，因作者容貌的不同而作出评价不同：作者漂亮的文章评价分数高，而作者不漂亮的文章评价分数低。

电脑约会

美国心理学家沃尔斯特（E. Walster）在 1966 年进行这样一个实验，他通过计算机随机的方式对男女大学生进行分组匹配，并让他们初次会面。该实验事先让大学生做一套人格测验，看哪些特征决定他们的相互喜爱。人格测验结果表明，他们的才智、气质、能力、独立性和态度等都相似。实验结果却显示，决定一对大学生是否相互喜欢，并再次约会的关键因素是其外貌的吸引力。外貌的吸引力与是否再次约会的相关系数为 0.89，这说明外貌的魅力对人们的喜欢和吸引力有很大影响。

事实上，随着交往的深入，单纯强调身高、相貌等"自然条件"，就显得片面和肤浅。鉴于群众对大多数领导干部的生活状况并不知情，公众形象往往在一般意义上的互动中形成。随着新媒体技术发展日新月异，来自新媒体呈现的"领导形象"很容易引起轰动效应。比如，陕西省安监局局长"表哥"杨达才在处理特别重大道路交通事故现场时面带微笑，广西河池市宜州区龙头乡党委书记韦东海躺着打牌赌钱、女副乡长为其捏脚等官员负面形象公布网络，引发网友群众愤怒声讨。这种有违领导干部公共形象要求的现象，拉大了与百姓群众的心理距离，破坏了领导干部在群众中的良好形象，严重影响了党和政府的公信力。

（四）才能

俗话说，宁可给智者背包袱，也不给愚者当军师。一般来说，优秀的人比平庸的人更令人欣赏，也更容易吸引我们。因为他们能够完成普通人无法完成的任务挑战，也可能忍受普通人无法忍受的痛苦（同时具备某些特殊品质）。因此，人们觉得与才能突出的人结交是一种幸福并感到自豪，主动追随的愿望会比较强烈。心理学家研究表明，在其他条件都相同的情况下，有才能的人容易受到人们的喜爱。可能的解释是因为人们与有才能的人在一起，可以得到更多的指导，减少犯错误的几率，觉得更安全一些。但是，如果交往双方的才能悬殊，也可能出现另外一种现象，即会对才能弱的一方构成社会比较压力，使得他感到自己的无能与失败，这时可能不会对吸引力有帮助。但是，研究也表明，有才能的人，偶尔犯一些小错误，可以增加他们的吸引力。美国心理学家艾略特·阿伦森（Elliot Aronson）等人研究证实：一个极其聪明能干的人，会使人感到高不可攀，产生自卑感，令人敬而远之，从而降低了吸引力。如果一个英雄或伟人、名人偶然暴露些小缺点，或者遭受一些小挫折，反而会使人更喜欢接近他。阿伦森设计了一个实验，把被试分成四种类型的人：才能出众而犯了错误的人、才能出众而未犯错误的人、才能平庸而犯了错误的人、才能平庸而未犯错误的人。然后，让被试评价哪一类型的人最具有吸引力。结果发现，有小的过错可以使才能出众的人吸引力更增一层。

美国盖洛普民意测验曾经对世界拳王穆罕默德·阿里（Muham-mad Ali）一次卫冕战前后进行民意追踪，结果发现人们更喜欢战败后的阿里。为什么在这次卫冕战中遭受失败，拳王阿里的声望和人们对他的喜欢程度，不降反升呢？这是因为人们更倾向认为阿里并不是战无不胜的神，而是一个有血有肉的平常人，因此更加亲近他。

三、增强干部人际吸引力的主要方法

芝加哥大学和美国的青年联合会学校曾经在美国的典型城镇——康涅狄格州的梅立顿做了一项关于成年人实际上最需要什么的调查。这项调查共花费两万五千美元，历时两年。通过对梅立顿中的每一位成年人进行采访并让回答 156 个问题。诸如，你所从事的职业或专业是什么，你是怎样打发闲暇时光的，你的兴趣和爱好是什么，你现在面临的困难是什么，等等。结果显示，健康是他们关注的第一个问题，然后就是如何与人相处、怎样才能让别人喜欢你，这就是人际吸引力的问题。增强干部的人际吸引力，需要从以下几个方面予以考虑。

（一）优化形象

在全面从严治党和反腐力度空前的背景之下，各路媒体对一些官员的贪腐、消极等形象进行集中报道，引起百姓群众拍手叫好的同时，也让官员形象的负面性不断强化。袁书杰等人针对北京市某区 463 名基层干部的一项调查显示，60.1％ 的领导干部在私人时间和休闲场合"不敢说自己是领导干部"，领导干部被贴标签和污名化现象在一定程度上存在。因此，优化干部形象，拉近干部群众的心理距离十分重要也非常紧迫。除了媒体正面宣传、社会宽容接纳等举措之外，领导干部自身需要根据交往情境进行必要的外部形象管理（衣着、礼仪等），既要发自内心地尊重他人，也要遵守特定的约定俗成的礼节，使得自己的言行在社会活动中与身份、地位、社会角色相适应。尼克松在竞选美国副总统时，曾经因《纽约时报》报道其在竞选中秘密受贿的新闻，而处于非常不利的境地。共和党为他澄清事实而买单，让其在64家电视台和750多家电台的镜头前演讲半小时，以取得选民的理解支持。在关键时刻，他沉着冷静，先把自己的全部财产公布于众，然后他用真挚的语言，描述称"自己出自寒门，年轻时在杂货店送货，补贴家用。半工半读念完大学后，当律师入政界，成家立业。他和他夫人是一对贫贱夫妻，勤勤恳恳，节俭度日，自己的小儿子曾经因为经济拮据而买不起皮大衣和小狗……"这种真情流露无疑打动了很多选民，最后尼克松不但保住了其在共和党中的职位，而且彻底扭转了局面，赢得了一大批同情者，他的威望比他受抨击前更高了。此外，交流互动之中保持谦和，而不是居高临下、盛气凌人的态势，能够拉近彼此之间的距离。《习近平用典》中有这样一句话："一命而偻，再命而伛，三命而俯。循墙而走，亦莫余敢侮。饘于是，鬻于是，以糊余口。"说的是春秋时期正考父家庙上的铭训，旨在告诫领导者要把姿态放低一点，少些自满，多些干劲。只有给人的印象是虚怀若谷，才能展示做人的真诚，给人以亲和力、感染力，树立领导干部在人民群众心目中的良好形象。

（二）主动交流

领导干部应积极交流，主动深入基层一线了解工作进度、工作状态和思想状况，增加互动接触，主动加深下级和群众对自己的熟悉程度。只有熟悉程度加深了，人际吸引力才能不断增强。需要注意的是，主动交流并不是为了交流而交流，也不能干扰影响下级群众的工作和生产生活，而是以岗位职责为要求听取意见建议、交流工作心得，以提高工作效率，不断靠前服务，密切干群关系。如果一味地下达命令、布置任务、考核检查，缺少必要的沟通交流，就会产生陌生感、疏离感，原本密切的干群关系也会日渐淡化。"亲戚越走越亲，朋友越走越近"就是这个道理。另外，在交流中还要掌握必要的接地气"土话"，与老百姓交谈才自然，不别扭。只有用百姓群众最朴实的语言与他们进行沟通交流，才能以心交心，思想共鸣。再者，领导干部在交流中要善用表达艺术，对他人的评价要注意方法，因为肯定或否定的评价会对喜欢水平产生影响。美国心理学家艾略特·阿伦森（Elliot Aronsom）等人曾经做了一个实验。他把被试分成四组：第一组始终得到好评；第二组从开始到结束都被否定；第三组刚开始被否定，后来转向肯定；第四组是前几次被肯定，后来一直被否定。

表6-2　喜欢水平的增降趋势

条件	喜欢水平
肯定—否定	+0.87
否定—肯定	+7.67
否定—否定	+2.52
肯定—肯定	+6.42

阿伦森安排一名研究助手作为假被试，并让其担任被试的临时负责人。每次实验休息期间，这名研究助手都会到阿伦森的办公室向他汇报实验情况，其中会谈到对其他被试的印象。实验室做了巧妙的安排，让隔壁的被试每次都能清楚地听到这名研究助手对自己的评价。实验结束时，阿伦森分别向这四组征求对研究助手的印象，让被试在量表上打分（–10～+10，–10为最厌恶，+10为最喜欢）。结果显示：对研究助手的喜欢程度（平均分）分别为第一组+6.42、第二组+2.52、第三组+7.67、第四组+0.87。因此，在条件适合的情况下，在交流中多采用先否定再肯定的评价，能够提升对评价者的喜欢水平。

（三）寻找共性

物以类聚，人以群分。一般来说，人们倾向于喜欢在态度、价值观、兴趣、人格及背景等方面与自己相似的人。1978年，美国心理学家动埃里克·坎德尔（Kandel）对2000名高中生的友谊关系进行了研究。他让每一位学生详细填写有关自己态度及背景的问卷，并写出他在学校里最要好的朋友。大部分学生最好的朋友在学业态度、对药物的态度、性别、年龄、年级及种族等方面与自己都很相似。美国社会心理学家唐 R. 伯恩（Donn R. Byrne）的"吸引的范例"研究中，被试在填写完一份态度问卷后，主试把他介绍给另外一个人，同时要求这个人要把自己在该态度问卷上的回答大声念给被试听，实际上这个人所念的问卷是由主试替他填好的，有些情况这些回答与被试是一致的，有些情况则差别较大，念完之后要求被试评价对这个人的喜欢程度。结果正如人们所预料的那样，态度的相似性增加了相互喜欢的程度。

相似人际关系实验

1961 年，美国著名的心理学家纽科姆（Newcomb）做了一个相似人际关系的心理学实验，旨在证实在人际交往中，心理相似的人，其对待事物的态度是否一致。纽科姆在美国密歇根大学选取了 17 名大学生作为实验对象，并为这些学生免费提供 4 个月的住宿，但是作为交换条件，要求实验对象必须定期接受谈话和测验。在这些大学生进入宿舍前，研究助手首先测定他们关于政治、经济、社会福利、审美等方面的态度和价值观以及他们的人格特征。然后，把那些态度、价值观和人格特征相似和不相似的大学生混合安排在几个宿舍里一起生活 4 个月。4 个月之后，再一次测定这些大学生对上述问题的看法和态度，同时让他们相互评定宿舍的人，喜欢谁或者讨厌谁。通过一系列的科学评定和详细的访谈记录。实验结果表明，在这些学生相处的初期，空间距离的邻近性决定人际的吸引，即同宿舍的同学比较亲密。但是，到了后期相互吸引发生了变化，即彼此间的态度和价值观越相似，相互间的吸引力越强。若这些大学生的态度一致，则彼此双方在感情上容易产生共鸣，同时在行为上容易相互支持，这样双方容易建立比较好的人际关系。

心理学中有一种效应叫作"类似吸引效应"，指的是在工作价值观和工作习惯方面相似、在人口统计变量上相似的双方会建立起更积极的关系。相似的人容易相互吸引。但是，这里的相似是个体感知到的相似，而不是客观的相似。那么，人们为什么喜欢那些和自己相似的人呢？究其原因，一是人们往往通过与他人的比较来确认自己，选择那些在某些方面与自己相似的人交往，能使自我概念得以确认，与自己相似的人一般同意自己的主张，对自己的观点加以支持，使我们更有信心。二是个体有强烈的欲望要维持自己对他人或事物态度的协调一致性，而这种一致性可以通过喜欢或不喜欢来达到。喜欢某个人，而同时与他在某个问题上有不同意见，将导致心理上的不愉快，因此人们便通过喜欢那些支持自己意见的人，或反对那些与自己意见不同的人，而使认知达到平衡。因此，领导干部必须增进对群众及下属的了解，多进行换位思考，积极运用共同语言在交流中寻找相似点，这样一来就更加方便沟通，加深理解，获得支持，密切关系，成共识和赢得共识。

（四）展示才智

　　能力素质是领导干部胜任工作任务的基本要求。毛泽东同志曾经说过："坐在指挥台上，如果什么也看不见，就不能叫领导。坐在指挥台上，只看见地平线上已经出现的大量的普遍的东西，那是平平常常的，也不能算领导。只有当着还没有出现大量的明显的东西的时候，当桅杆顶刚刚露出的时候，就能看出这是要发展成为大量的普遍的东西，并能掌握住它，这才叫领导。"在战争年代，领导者没有过硬的本领，他的队伍就只能处处挨打、流血牺牲。所谓生于本领强，死于能力衰。美国管理学家哈罗德·孔茨（Harold Koontz）和美国心理学家巴里·波斯纳（Barry Posner）研究发现，追随的因素主要来自于领导者的诚实、有远见、能力和号召力。领导干部只有靠水平和能力树形象，才能赢得大家的尊重和追随。阿里巴巴原董事局主席马云在创业初期，曾经身无分文，既不懂电脑又不懂网络技术，他靠的是超强的演讲能力、概念能力以及战略思考力，影响和改变了创业团队的 17 位成员，引导他们自愿跟随他全身心投入互联网事业，强大的团队精神实现了阿里巴巴商业上的巨大成功。

哈利规则

美国南加州大学校长史蒂文·B. 桑普尔（Steven B. Sample）在《卓越领导的思维方式》一书中提到的一种现象。人们总会雇佣不高于自己能力的人。一个人的成功并不在于自己的表现如何，而在于他人的表现如何。只有充分地发挥了他人的优势，整体的效力才能够得到最大的发挥，人们也才有可能在与他人的竞争中获得优势，取得成功。这似乎是一个非常显然的道理，但人性的弱点也在于此。"哈利规则"揭示了人们不愿看到的一种现象：是人们自己阻碍了自己的成长。

作为"关键少数"，领导干部在一个单位中往往被高度关注，只有自身具备较强的能力素质（如《国家公务员通用能力标准框架（试行）》中提到的九种能力：政治鉴别能力、依法行政能力、公共服务能力、调查研究能力、学习能力、沟通协调能力、创新能力、应对突发事件能力、心理调适能力），才能够获得群众认可，才能形成榜样示范、头雁效应。如此一来，员工才会忠诚于组织，积极拼搏努力，"撸起袖子加油干"。倘若领导干部的能力不强，就可能会不作为、乱作为，不以事业为上的标准选拔任用能力强的员工，反而任人唯亲、排斥异己，久而久之，员工的工作积极性被打消殆尽，劣币驱逐良币，最终人心涣散、效能低下。因此，在工作中展示自身的渊博知识和能力特长，尤其是创业时期，能够很好地增进人际吸引力，赢得下属的追随与支持。

自我评定：你是一个受欢迎的人吗？[①]

对于以下20个问题，请根据你自己的实际情况对自己进行评价，回答"是"或"否"。

1. 当你离开和朋友相处的地方，朋友们是否感到依依不舍？

2. 当你生病在家休息，是否有朋友围绕在你的身旁谈天说地，让你不感到孤独？

3. 你很少为一点小事与别人争吵吗？

4. 你是否觉得有很多人都给你留下美好的印象，从而使你喜欢他们？

5. 朋友感到有趣的事，你也感到有趣吗？

6. 你愿意做你朋友喜欢做的事吗？

7. 经常有朋友约你叙谈聊天吗？

8. 朋友是否经常请你组织安排或者主持舞会、野外郊游等集体活动？

9. 你是否喜欢参加或者被人邀请参加各种社交性聚会？当这些聚会预先在你眼前出现的时候，你会感到愉快吗？

10. 是不是常常有人欣赏并夸奖你的仪表、才能和品质？

11. 多日不见的朋友，你会立刻记起他的名字吗？

12. 与各种类型脾气与个性的人打交道，你能否很快地

---

① 刘毅：《管理心理学》（第二版），四川大学出版社2008年版，第297页。

适应？

13. 当你遇到一个陌生人的时候，你是否认为他喜欢你的可能性大？

14. 你是否觉得很容易找到你需要找的人？

15. 你是否愿意与他人共度周末假日？

16. 你是否能在短时期内与你所遇到的各种人物熟悉热乎起来？

17. 你觉得你所遇到的人，是否大多数都容易接近？

18. 他人是否很少指责、批评甚至恶语中伤你，而且很快地原谅、理解你的过失和错误？

19. 你与异性是否很容易接近？

20. 你的朋友是否容易受你的感染，接受你提出的意见和建议？

评价：以上问题的回答，肯定得 5 分，否定得 0 分，并将分数相加。70 分以上，你可以非常自豪地说："我是一个最受欢迎的人"；60～70 分，你可以聊以自慰，"我是一个比较受欢迎的人"；50～60 分，你可以稍稍乐观，"我在别人眼中的印象不坏"；40～50 分，你还可以松口气，"勉强受人欢迎"；40 分以下，你必须引起注意，因为这表明你不受人欢迎。

第七章

工作—家庭关系的平衡

工作和家庭是任何一个职业人都无法回避的两个最重要话题，且两者之间存在着密切的关系。关于工作—家庭关系问题离不开人的社会属性，人力资源管理与开发及援助计划常常围绕这一主题进行探讨和分析。一般而言，当个体把更多的时间投入工作之中，其工作表现就会更好，由此产生更多的成就动机，需要更多的时间和工作承诺，投入的工作时间和精力也就会更多。而在家庭方面，随着投入时间和承诺的增加，家庭生活质量会得到提升，保持这种状态也需要个体投入更多的时间和精力陪伴家人和处理家务。但是，事实上工作时间往往影响收入水平，经济上的压力使人们不得不投入更多的时间和精力在工作上，由于时间精力的有限性，人们用在家庭的时间会相应减少，家庭方面的表现也进一步缩减，容易导致家庭关系的不佳与紧张，由此引发冲突造成人们较大的心理压力。李开复在《如何平衡你的工作和家庭》一文中说道："工作与家庭的平衡确实是一个鱼与熊掌难以兼得的问题，需要相当的承诺和持续的沟通才能很好地解决。家庭和工作的协调需要夫妻双方有很好的默契，每个人都要有付出。"但是，工作和家庭不是"零和博弈"，两者之间应该互为联通，因为工作不仅是生存，更是自我价值实现的重要途径。而家庭也可以为个体提供情感支持和快乐港湾，只有保持工作与家庭关系的平衡，才能工作高效、家庭和谐、生活幸福。

一、领导干部的"家庭圈"

（一）家的文化

在东西方文化差异当中，家文化是最具典型意义的代表之一，一定程度上说它是我国传统文化的核心。"家"是每一个中国人磨灭不掉的印记，它承载着人们对生活的终极幻想和归属。人离不开家庭，领导者也不例外。社会心理学和发展心理学研究表明，个体从出生、成长到独立生活，忠孝、礼仪等方面受到家庭环境的影响非常之大，一个人的兴趣爱好、行为习惯和思维观念，都不同程度地受到家庭成员（特别是父母）的影响。人们往往把家作为判断亲疏远近的基点，在处理人与人的关系、人与社会的关系当中，明确自己在社会差序格局中的位置关系，结成一定的社会网络。修身是齐家的前提，为了心中的"家"，人们严格自律、修炼本领、励志奋斗。而家与国的概念边界也是互通的，所谓家是最小的国，国是最大的家。从某种意义上来看，人们已经不只把"家"作为一种特定的成长环境，而把它上升为一种精神信仰。特别是在革命年代和建设时期，多少仁人志士挥洒浓烈的家国情怀，为了国家、民族和家族的荣誉，不惜贡献出宝贵的生命。在传统文化的影响下人们践行着带有文化烙印的管理实践。比如，在政治经济文化活动和各项事业领域之中，不同程度地存在着家长式领导（香港科技大学教授樊景立、台湾大学教授郑伯埙提出）和家长式管理，既有仁慈、德行的一面，又有威权的另一面。在人与人的交往中，加拿大心理学家伯恩（T. A. Berne）认为人具有三种心态成分，即 P 心态、A 心态和 C 心态（P 指 parent，A 指 adult，C 指 child）。这三种成分可以单独或者合并存在于一个人的人格结构之中。伯恩认为，P 心态体现了交往中的家长角色，其所发出的交往信息内容上具有合理性，但是情感上是命令式的，要求对方无条件地服从自己所发出的信息指令去做。事实上，家长式领导的德行表率和施恩行为都非常重要，它有力引导着人们上行下效、知恩图报，且这种领导方式在一定程度上体现在工作中照顾下属的感受（或困难），甚至把这种关心延伸到下属的个人或家庭生活之中。

（二）亲情牵绊

前几年热播的电视剧《家的 N 次方》演绎了两个家庭的结合、磨合和融合过程，也揭示了人性中的价值标准问题。但是，它告诉人们一个铁的事实：一个人最大的快乐来自家的温暖，一个人最大的不幸是家庭的破碎。试想，一对夫妻没有情感交流，他们的婚姻必然是死水一潭。假如我们生活在这样的家庭里，很难有快乐可言。"不得乎亲，不可以为人。"事实上，家就意味着人们内心最深处的一颗种子，如有情感呵护，必然根深叶茂。美国前总统林肯在有一次演讲时说道："有人问我有多少财产，我有一个妻子，三个儿子，都是无价之宝。"心理学研究表明，家庭功能对一个人的情绪表达性和情感体验具有重要影响，同时家庭责任也时常激励着人们努力工作、不断进步。因此，领导干部从来都不是"钢铁侠"，而是有血有肉的平常人。不论领导干部干任何工作、做任何事情，都离不开家庭的支持。作为安心工作的"大后方""大本营"，和谐家庭成为了干部的温暖港湾。他们对于家庭应尽的责任和义务，不该随着自己职务和地位的变化而变化。但是，需要说明的是领导者不能为了亲情影响决策的公平性，或者不讲原则性，不然就会导致亲情庸俗化，走上违法犯罪的错误道路。

毛泽东同志辞别杨开慧时赠词《贺新郎·别友》①

1923 年冬天，作为中央执行委员的毛泽东同志受到委派，离开长沙前去广州参加国民党一大。辞别夫人杨开慧（当时在坐月子）时，他写下这首词赠予杨开慧，表达了革命夫妻即将分别难于割舍的离愁别绪。词曰：挥手从兹去。更那堪凄然相向，苦情重诉。眼角眉梢都似恨，热泪欲零还住。知误会前番书语。过眼滔滔云共雾，算人间知己吾和汝。人有病，天知否？今朝霜重东门路，照横塘半天残月，凄清如许。汽笛一声肠已断，从此天涯孤旅。凭割断愁丝恨缕。要似昆仑崩绝壁，又恰像台风扫寰宇。重比翼，和云翥。

曾经有这样一个调查，问调查对象"您认为失去什么将会使您的生活变得毫无意义"。从回答的结果来看，58.1% 的人认为"失去婚姻家庭"会让他们的生活黯然失色，失去意义，而选择"失去工作""失去向往的目标和追求""失去健康""失去友谊"的比例分别为 21.6% 、16.3% 、15.6% 和 13%。进一步问及"什么会使您的生活富有意义"时，排在第一位的仍是"家庭及亲情"（44.6%），而选择"学习、工作和劳动"（27.0%）、"理想追求和目标"（23.4%）、"朋友"（12.2%）

---

① 刘继兴编著：《魅力毛泽东》，新华出版社 2009 年版，第 128–129 页。

和"金钱"（11.5%）分列第二至第五位。因此，领导干部是比较重视家庭亲情关系的先定价值。2007年有一项专门针对领导干部婚姻与家庭情况的调查在全国展开，要求副处级以上领导干部对婚姻家庭情况，特别是"婚变"情况进行如实填报。这可以说既是对领导干部家庭情感问题的关注，也是家庭情感羁绊导致腐化堕落、家庭伦理衰落的一种预防。

（三）领导者的家庭关系特征

一般来说，领导者由于在所处的社会环境中具有较高的知名度，他们的家庭状况，如家庭成员、家庭琐事等都往往成为人们关注的对象和津津乐道的话题。在领导者掌握一定职权的同时，他的社会地位也就随之升高，参与社会活动和社会交往增多，群众知晓度比较高。特别是人们对杰出领导人的好奇心理、崇拜心理、模仿心理、服从心理等，不仅领导者本人被公众知晓，其家庭也成为公众关注的目标。再加上现在新媒体时代，知名领导者的良好家风、夫妻楷模、子女成长都会传为美谈，同样一些领导者也因家风颓败、生活腐化、子女堕落而被人们非议耻笑。首先，家庭关系的某些因素不同程度地交互影响着领导者的思想行为。因为家庭是一个交际互动的，有反馈机能的系统，家庭成员之间的互动过程中，领导者的影响会转给家庭成员，如领导者的素养、作风、性格等对子女的潜移默化影响。但是，也存在家庭中的"夫人参政""子女议政"影响领导者的倾向性。由于家庭的互动性、渗透性，使其成员关心领导者的工作，直接或间接地对领导者的工作起着支持或干扰作用。如果领导者工作不顺利，或安排不当，就可能引发家庭冲突，而家庭冲突又会反过来影响领导者的工作。此外，在夫妻关系上，大多数是和谐而美好的。但是，也存在为了维护家庭、子女、老人以及领导者的声誉，维系一种平等的责任而缺乏感情交流；或者在权力欲的支配下，以压制对方而失去情感和精神生活为代价的畸形关系等问题。因此，领导者善于调适夫妻之间关系的各个方面，尤为重要。再者，在亲子关系上，表现为因为工作忙碌而缺少必要的对子女教育、感情交流的时间和机会，有时候由于受工作关系的影响，对子女常常采取命令、限制等方式，或者领导者的自信、执着，削弱与子女的共容性，形成代沟；对待父母的关系问题上基本能够尽孝道责任，但有时在与父母感情交流、丰富他们精神生活等方面居高临下、淡然处之或者不耐烦。

二、工作—家庭冲突

工作和家庭是人生的两个重要构面，管理得好相互促进，管理得不好两败俱伤。工作—家庭冲突是个体角色间冲突的一种重要形式，主要指由工作（或家庭）产生的总体需求、时间投入以及心理压力对一个人履行家庭（或工作）责任义务的干扰。

（一）角色转换困难的冲突

"角色"一词是由拉丁语 rotula 派生而来的，原指在戏剧舞台上所扮演的某一特定人物，后来延伸为在现实社会里个体作为一定地位占有者所做的行为。日本学者森冈清美认为，人有两种角色：群体性角色和关系性角色。以家庭为例，在家庭内自己的位置与家庭群体的关系，如户主、主妇、户成员等群体性角色；从家庭关系角色之间明确自己的位置，如妻子对丈夫、儿子对母亲等关系性角色。在现实生活中，领导干部同时扮演了多种社会角色，他们可能既是上级，又是下级，同时还是父母、子女、夫妻、朋友、邻居等等。这些角色往往被赋予不同的责任与义务，对领导干部的行为期待和要求也会有所不同。总体而言，领导干部同时扮演特殊角色和一般角色，即公共角色、个人角色。当公共角色内部或者个人角色内部所同时提出的角色要求，因为组织要求、个人能力等在角色转换之间出现抵触、矛盾等问题，就会导致转换困难的冲突。例如，一个领导干部既是领导又是下属，多个公共角色集合于一身，不能很好地认清岗位赋予的角色要求，不能顺利有效地完成不同角色赋予的公共事务。或者领导干部在岗位调整之后对新角色的不适应，仍然沿用原有角色的工作思路与方法开展工作，无法胜任新角色所赋予的新要求新任务。关于领导干部个人角色冲突，与普通人具有相似性，在此不作赘述。而领导干部公共角色与个人角色之间转换问题是最为突出的。有些面对群众笑脸盈盈、不厌其烦做工作的基层干部，回到家却成了家人眼中一直板着脸的"黑面孔"，很难看到笑容，这是与情绪劳动紧密相关的。一位心理学教授研究认为："在工作中保持微笑听上去像是一件非常积极的事，但是整天这么做其实消耗非常大。"当然，在现实生活中还存在不少领导干部在工作岗位上严肃、不苟言笑，回到家依然沉默无语，衣来伸手、饭来张口，在家端着干部架子，角色转换困难，或者根本没有承担家庭角色赋予的责任意识。

女性领导者的角色焦虑

由于传统文化和社会评价标准等原因，女干部有时是"事业成功，婚姻失败；婚姻美满，事业无奈"。一些女干部同时勇挑家庭和事业两副重担，成为名副其实的女强人。她们如果把领导角色行为带入家庭生活中，会让人感觉她在发号施令、盛气凌人、不温不柔，从而给家庭生活带来不和谐；如果把女性特质带入工作中，则容易给人缺乏自信、害怕竞争、自卑怯懦等的感觉印象，影响自己的职业发展。因此，女干部职业角色模范与家庭角色模范在职场生活中差异性的转化冲突，容易引起角色焦虑。

（二）繁忙无暇顾及的冲突

近期，人们在网络上热议一种互联网企业盛行的加班文化——996工作制，即指早上9点开始上班，晚上9点才能下班，中午和傍晚休息1小时（或不到），总计工作时长在10小时以上，且每周工作6天。从法律的角度看，这样的做法有违《劳动法》的有关规定，应该及时制止。在深化改革和社会转型过程中，基层干部面对的问题矛盾较为突出，且临时性任务、突发性事件较多，一些人长期处于"5＋2"、"白加黑"、"3516"（每天3小时吃饭、5小时睡觉、16小时工作）工作状态，得不到放松和休息。甚至有的基层干部直言，基层人少事多，"把女人当成男人用，把男人当成牲口用"。浙江省宁波市的县级市慈溪市曾经做过一个关于干部心理健康的调查研究，结果显示：在办事窗口、行政执法、重点工程等一线工作的364名干部中，有30.5%的人认为经常加班加点，感到身心俱疲。有些女性干部更是因为条线工作经常加班加点，做方案、拟政策、做统计……为工作忙活得连轴转，根本顾不上家庭和尚年幼的孩子。以北京为例，调查发现95%的乡镇书记平均每周至少加班一天，92%的乡镇书记在子女教育问题上感觉到欠缺和对家人愧疚。已经走上或者正在走上领导岗位的干部，其肩上的社会责任常常使得他们无暇顾及家庭。2018年，新任的中国红十字会党组书记梁惠玲在谈及平衡工作与家庭两种角色时，她直言"鱼与熊掌不可得兼，因此常常对家人感到愧疚"。特别是一些子女学习成绩较差、身体健康不良、亲子关系冷淡的女干部，对没能更多地照顾子女、尽到母亲的责任而更加内疚自责。大禹治水，三过家门而不入：其一，听到妻子因分娩而在呻吟，随后儿子哇哇的哭声，他因怕耽误治水没有进家；其二，妻子怀中的儿子向他招手，他因工程紧张仅在远处挥手没有进家；其三，已长到10岁的儿子拉他进家，他因水未治平没空回家。这种舍小家为大家的精神被世人传颂。但是，公共角色与家庭角色之间矛盾性在干部身上确实具有一定的普遍性。

（三）异地交流任职的冲突

早在1962年中央就出台了《中共中央关于有计划有步骤地交流各级党政主要领导干部的决定》，后续又出台了《中共中央关于实行党和国家机关领导干部交流制度的决定》（1990年）、《党政领导干部交流工作暂行规定》（1999年）以及《党政领导干部交流工作规定》（2006年）等制度性文件，旨在从培养干部和服务工作大局的目的出发对领导干部进行地区内或跨地区的交流任职。国外公务员交流中有一个原则，就是照顾个人需要和家庭困难。当前，如何照顾异地任职干部的实际困难是摆在我们面前的突出问题。党的十八大以来，一些地区和单位围绕异地交流干部探亲交通保障、生活保障等方面进行了卓有成效的探索，一定程度上缓解这些"他乡干部"的忧虑。但是，由于一些异地交流的领导干部长期独处异地，压力和苦闷得不到及时有效的排解，往往缺乏情感上的归属而产生强烈的孤独感、寂寞感。就"候鸟干部"奉献了精力还要"奉献"亲情的境况。有专业机构调查发现，超过50%的受调查者认为，他们的"孤岛"感情负担值得关注。官员也是普通人，他们的位置决定了他们不仅是社会的"关键少数"，也是自己家庭的支柱。2006年，某干部从江苏省某地级市团市委副书记职位调任该市辖县委常委、副县长。由于家庭所在地距离该县近一百公里，他经常十天半月才回一次家，最长的一次，他在县里待了整整一个月才回家。有一天，当时正在上初中的女儿焦急地打电话给他，说学校周六要召开家长会点名要爸爸参加。想起换岗后就再没有为女儿开过一次家长会，他答应了。可是到了周六，县里临时通知开会，他只好给女儿解释。没想到，女儿的一句话却让他至今心痛不已："你天天忙着开会，就不能为我开一次会吗？"这位干部的心痛，可能很多异地任职干部都曾有过。事实上，对家庭付出太少，对亲人怀有愧疚，已经成为一些异地任职干部的"亲情包袱"。

异地任职的"亲情包袱"

选择了这份职业，感觉很亏欠家庭。工作让我与孩子分开两地，每次回去孩子都会搂住我不停地亲，因为小还不会说话，只是抿着嘴含蓄地笑。到了晚上平时很早就睡的他一直到很久都不愿意睡觉，非让我抱着跑来跑去。刚离开视线一会儿，就会号啕大哭，看到后破涕而笑，屁颠屁颠跑过来又搂又亲。每次离开我都会选择在他睡后，没有道别，因为不想看到他哭，可我知道他醒来后肯定会哭。想要对孩子做得更好，想把工作和生活完美结合，但困难比办法多，总有许多事情等着去做，现在两个星期见一次面都是奢望。对于妻子，我也是亏欠的，工作在同一个县城，却相聚一百公里，崎岖的山路，开车需要两个小时，工作时间，晚上不可能相见，休息时间，不是她加班，就是我加班，也是聚少离多，平常一天也只有一次通话，基本上都是回到宿舍才联系。好在她和我单位性质相同，她能理解我，我能理解她。

三、工作—家庭平衡艺术

一直以来，人们在探讨工作与家庭关系时，常把两者看作二元对立关系，好像两者之间存在着不可调和的矛盾。美国作家鲁恩·本尼迪克特（Ruth Benedict）在《文化模式》一书中说道："冲突是生活的本质。没有它，一个人的生命便失去意义，而且所能获得的也只是非常肤浅的生存价值。"诸葛亮曾言，外则事君主，内则事父母。成功的领导者应该在家庭中也扮演成功的角色。心理学研究认为，工作和家庭之间是一种和谐、相容的形式，参与家庭（工作）角色会使工作（家庭）角色的资源变得更加容易。从某种程度上说，工作与家庭之间也是相互促进的。探讨工作与家庭的关系，应该是从冲突到平衡再到促进的依次递进过程。从组织的角度出发，平衡工作与家庭的关系可以采取较为弹性的策略，如弹性的工作时间、弹性的工作流程等等，还可以提供支持计划，如托管福利（协助照顾老人和孩子、提供抚养补贴等），培养与咨询服务，等等。比如，日本政府在2007年12月通过了《有家庭责任的工人的章程和行动指导》，为政府和企业职员采取一系列涉及工作时间、休假政策、儿童照顾和其他社会基础设施、岗位设置、岗位助理，以及监督和评估工作—生活进程的措施提供依据。但是，工作—家庭冲突的最终解决需要通过个人来实现。美国心理学家南迪·内森（Nandi Nelson）等人研究认为，一个人应对工作—家庭冲突的方法主要有直接行动、寻求帮助、积极思维和回避退让四种。前两种往往以问题为中心，通过改变问题的产生环境来减少或消除冲突的影响；后两种更多是以心理为中心，通过管控自己的认知或者情绪以减少或消除冲突的影响。

（一）角色再认

为什么工作与家庭产生冲突？这种冲突首先源于个体的心理冲突，即心理的失衡。重新认识自己的角色、摆正位置是化解心理冲突的重要途径。正所谓解铃还须系铃人，领导干部要"在其位谋其政"，充分认识公共角色对于社会这个"大家"的责任担当。一个人的起点在家庭、家乡，那种依恋与眷顾无疑是深刻的。美国心理学家W.古德（Goud. W. J.）在《角色紧张》一文中描述称，判断一个角色是否具有价值主要看三个方面：一是这个角色对于个人的意义；二是假如不承担这一角色可能会产生的结果（积极和消极）；三是周围的人对于你拒绝这一角色可能的反应。可以说，任何职业人都会存在不同程度的工作—家庭冲突矛盾，特别是随着我国人口及家庭结构发生较大变化，家庭规模的缩小、人口老龄化与二胎政策放开等，家庭责任有增无减。公共角色是领导干部"舍小家为大家""小我服务大我"崇高追求的郑重选择，体现的是一种家国情怀。正如艾青在他的诗里写的那样"为什么我的眼里常含泪水，因为我对这土地爱得深沉"。有国才有家，如果国将不国，何谈幸福的家庭？不难理解很多扎根偏远地区的基层干部、支教老师，都在执着地坚守，为心中的理想而奉献自己的青春韶华。"草帽书记"杨善洲退休以后，主动放弃在省城安享晚年的机会，深入大亮山义务植树造林二十余年，诠释着"但愿苍生俱饱暖，不辞辛苦出山林"的大爱精神。所以，领导干部需要进一步把好人生的"总开关"，丰富信息资源（政策信息、领导意图、角色职责等），减少角色信息的模糊性，以政治角色为中心，多角色协同，为党和人民的事业心无旁骛、扎实工作。江苏卫视《赢在中国》节目里，有一次评委对参赛选手提出"当工作和家庭发生冲突时你该怎么办"的问题，现场人们的回答各不相同，其中有两个人都认为"把工作放在第一位"，还有一个人回答称"要视事情的轻重缓急而定……如果把家当作事业来经营，把事业当作家来爱，一切矛盾都会迎刃而解"。现代领导者要把和睦的家庭和成功的事业作为自己的目标，要统筹兼顾，担当好家庭和事业中的多个角色。

（二）扩大工作自主性

在推进国家治理现代化的进程中，曾经一度出现"一管就死、一放就乱"的管理怪圈。可以说，增强制度的张力和工作的弹性，促进管理的平衡是打破这种怪圈的有效途径。工作的弹性，即工作自主性，属于组织行为学的概念范畴，主要是指一个职业人根据岗位的要求和工作需要，在主体意识的积极支配下进行的活动，体现了从业者自我感觉驾驭自己的工作（决定工作方法、工作程序、付出多少努力等等）程度。但实际情况却是，基层行政组织往往具有"一高二低"的特性，即职能专门化程度高、管理规范化程度低、工作授权程度低。因此，基层干部在工作中的自主性较小，难以自主决策、自主开展工作。美国耶鲁大学心理学教授斯坦利米尔·格莱姆（Stanley Milgram）曾经在1961年做过一个服从权威实验，结果显示：个体在特定的组织环境下具有服从权威的倾向，即使大多数人知道听从权威的命令而行事，可能会对他人造成伤害，但是他们依然倾向于执行这种命令。正如"组织理论之父"马克斯·韦伯（Max Weber）所言，公务员的荣誉就是把自己的能力运用在有意识地执行上级权威的命令上，恰似这个命令就是自己所同意的一样。执行命令以提升工作效率无可厚非，但是这不等于个人完全放弃了工作自主性。基层是社会治理的一线，处处充满着创新。党的十九大报告中所提出的领导干部需增强的八项执政本领之一——改革创新本领，正说明需要各级领导干部结合实际进行工作自主创新。党的十八大以来，习近平总书记多次强调领导干部要提高驾驭复杂局面本领，这就要求领导干部从实际出发制定政策、推动工作，创造性地执行各项政策制度，因地制宜地探索务实管用的工作方法和领导艺术。在现有制度框架下不断扩大工作自主性，领导干部必须要充分认识到工作主动性对于事业和个人成长的重要作用，通过专家—熟手策略和精细化管理，准确把握工作节奏，抓住工作任务的核心要义，发掘工作中的价值点和个人闪光点，大胆独立开展工作以及适度授权，通过单项活动进行穿插来实现制度设计的点面结合。将工作驾驭和自我成长带来的价值感、成就感接通传导于家庭生活之中，就能增进积极情绪和生活满意感。

（三）高效的时间管理

管理大师彼得·德鲁克（Peter F. Drucker）说过，时间是最高贵而有限的资源，不能管理时间，便什么都不能管理。在行政管理过程中，工作无计划、工作无主次、没有授权、不良沟通以及不良习惯等原因，让时间浪费严重。美国社会学家罗伯特·莫顿（Robert K. Merton）研究认为，角色冲突的发生实质上是个体在实际担当角色过程中所引起的时间和精力上的紧张。平衡工作和家庭的国际趋势表明，由于工作时间增加，上下班路上耗费的时间增长（特别是大型城市），人们在获得经济收入方面花费更多的时间。美国柯维领导力训练中心创始人史蒂芬·柯维（Stephen Richards Covey）在其《与时间有约》一书中强调，对于日常事务可以用重要性和紧迫性两个方面进行划分，重要性与工作目标相关联，紧迫性意味着立即处理。"艾森豪威尔原理"说明了一个道理，人们可以根据任务的重要性和时间的紧迫性来确定优先顺序，既重要又紧急的任务排第一，需要最先完成；其次要做的是重要但非紧急任务；然后再对紧急但非重要任务进行评估，如果确实需要再做；最后对既不重要又不紧急的任务果断选择"不"。美国加州大学欧文分校的一项研究表明，在多任务同时进行的情况下，当一个事项迫使切换到另一个任务上之后，人们大约需要23分钟才能重新回到手头上的工作。调查发现，人们在工作过程中用于寻找东西的时间，占工作时间的10%左右，所以如何管理好各种文件、公函等资料，形成归类存放的档案意识非常重要。时间管理的核心思想是让人们把时间进行切块管理、精准花费，但前提是人们必须能够对时间管理中存在的问题有清晰的认识。因此，需要先对时间花费情况进行诊断。可以先用一周的时间对自己日常工作中的时间进行标记，一般一周按 5 个工作日、每天 8 小时、每小时分为两个记录单元，这样一来一周可以标记 80 个时间信息，并根据心理预期计划与执行情况标识成不同的颜色以示区别。对于可能存在拖延症，也要予以警惕，实际上"最后时刻完成"比"即时处理"所花费的时间成本更大。手机智能化让沟通便捷化的同时，也使得人们的时间更加碎片化。此外，授权是时间管理的重要途径。邓小平同志曾经说过，"领导人越忙越坏事"。因此，合理的授权能够让自己从繁杂的事务中解脱出来，发挥离场管理的优势，才能让自己静下心来思考工作规划和未来发展。

（四）有效的压力管理

随着生活节奏的不断加快，人们所感受的心理压力和焦虑与日俱增，地理位置的不断变动、工作短期性以及新技术等因素增大了人与人之间的距离，使得许多人感觉到压力巨大。压力管理能够回归理性决策。一位教授被邀请向一个社区团体做演讲，他走错了房间并且突然意识到演讲是在另一座大楼里举行。他开始感到了压力，急忙冲出去来到停车场，准备开车去另一座大楼，该大楼约有一个街区的距离。他伸手掏钥匙却发现钥匙不在身上，于是开始有点惊慌失措了。他可以看到那座自己要做演讲的大楼，但是却无法打开汽车并驶往那儿。他的演讲时间已经过去了 5 分钟，因此他跑向办公室拿到钥匙，然后跑回来开车过去。只是在那时候他才意识到，他本可以步行走过这一段距离，这样要比跑回办公室拿钥匙节省他更多的时间。此外，当追求更多的物质占有无法让人们获得满足时，人们就非常渴望把个人的职业生活与生活价值相统一起来。工作场所的离场管理并不是撒手不管，而是通过适度的授权，有计划、有组织地支持和调动下属积极性。研究认为，人们的内心生活会支持社会背景下有意义的工作，同时个体的内心生活也会受到有意义工作的培养和支持。另外，适度的放松（旅行、休假计划）可以重点围绕一个有意义的目的来寻求工作中的意义和目标，这在西南航空公司、惠普公司等知名企业中应用较为广泛。

自我评定：工作—家庭冲突测评①

以下是对家庭和工作之间冲突的描述，请您根据自己的实际情况对以下问题进行评价。每个问题有7个评价等级，其中1=完全不同意、2=不同意、3=比较不同意、4=不确定、5=比较同意、6=同意、7=完全同意。

1. 我工作上的要求会干扰我的家庭和家庭生活

2. 工作所占有的时间之多使我很难履行家庭责任

3. 因为工作需要，我下班后家里要做的事情都没法完成

4. 工作造成的压力使得我很难履行家庭责任

5. 由于工作相关的职责，我不得不改变我的家庭活动计划

---

① Netemeyer, R. G., Boles J. S. &McMurrian R: Development and Validation of Work – Family Conflict and Family – Work Conflict Scales. *Journal of Applied Psychology*, 1996 (81): 400 – 410.

6. 来自家人或者配偶/伴侣的要求会干扰我的工作

7. 由于家里需要占用我的工作时间，我不得不推迟工作中的事

8. 由于我的家庭或者配偶/伴侣的需要，我想要在工作中做的事无法完成

9. 我的家庭生活妨碍了我的工作，如按时上班、完成日常任务、加班等

10. 家庭的压力妨碍我执行工作任务的能力

计分标准：工作对家庭冲突对应的题项是1、2、3、4、5；家庭对工作冲突对应的题项是6、7、8、9、10。每一题单独计分，将1~5题对应的分值汇总求和，最高分35分，最低分5分；同时也将6~10题对应的分值汇总求和，最高分35分，最低分5分。分数越低，表明影响越小；分数越高，则表明影响越大。还可以进行两个汇总分数的比较，较高者表明影响更大。

第八章

领导干部和谐
人际关系构建

　　和合思想是我国传统文化的核心与精髓。《左传·襄公》中记载了晋悼公对和戎政策大为称赞时所说的一句话："八年之中，九合诸侯，如乐之和，无所不谐"，旨在强调晋国与戎狄和睦相处靠的是政治和谐。"和谐"一词及其基本思想也是由此而来的，后来"和谐"发展成了一个更加多元的概念，不仅指人与自然之间的和谐、人与社会关系的和谐，还指人际关系的和谐、人自身的和谐。随着全球联系不断增强，人们寻求关系平衡的意识越来越明显。美国社会学家李思曼（D. Riesman）在《孤独群众》一书中，给闯入大众社会的现代美国人的性格冠以"他人志向"（Other Direction）的特征。为什么以个人主义著称的美国人也发生社会性格的改变？这是因为从农业社会、工作化社会到大众社会，每个阶段都有其不同的社会性格特征。在农业社会，人们更多的是根据土地和自然的生产力进行生存发展，所形成的社会性格就是"传统志向"，而到了工业化社会，需要不断创新自己的理念和实践，人们开始尊重各自的价值观和思想，从而形成的社会性格就是"内在志向"（Inner Direction）（每个人把目光投向自己是很重要的事情，也即个人主义）。但是，到了"他人志向"的大众社会，人们需要不断地注意周围环境变化，并尽量与周围的人们步调保持一致——追求步调一致的生活。只有快速感知到"大家在追求什么"，然后与之达成一致，才能使自己变得更潇洒轻松，这就是现代人的智慧，寻找和谐人际关系背后的意义。

一、关系和谐心理才和谐

国际管理经验表明，管理中大量的工作有70%是在人际沟通中完成的。管理的核心是人，行政系统在运行的过程中离不开人与人之间的关系支撑。因此，人际关系在各级干部工作中的重要性毋庸置疑。对于领导干部，尤其是中层干部的人际关系相对比较复杂，既有同事、朋友的交往，也有上级、下级、平级的交往，还有工作圈、生活社交圈的交往。因此，把协调好的人际关系作为推动工作的有力抓手，在内心真实情感自然流露的同时，形成事业发展的正能量和家庭幸福的源泉。近年来，国内学者白学军等人提出"人际健康素质"，它是心理健康素质中的一种重要人格特质，具体包括合群性、亲仁性、共情性、利他性和友善性五种亚特质。当这些亚特质水平比较高的时候，一个人所体验到的心理压力更小、幸福感更高。习近平总书记在党的十九大报告明确提出要加快社会心理服务体系建设，以此来培养自尊自信、理性平和以及积极向上的社会心态。当一个人的心态平和了，他就不再怨天尤人、牢骚满腹，焦虑水平会下降、幸福感也会增强。因此，领导干部需要妥善处理好家庭、工作及社会的各种关系，以人际需求为导向，增强人际健康素质，由内而外，在自我心理和谐的基础上，引导组织氛围和社会心态积极向上、自由和谐。

表 8-1 公务员对人际关系的满意度统计表①

变量	二级指标	非常满意	满意	基本满意	不满意	很不满意	满意率
人际关系	同事关系	9%	27%	31%	20%	13%	67%
	组织协作	7%	19%	29%	30%	15%	55%
	社会关系	12%	29%	35%	18%	6%	76%

注：满意率 = 非常满意率 + 满意率 + 基本满意率

在信息化时代背景下，人们很容易利用微信、QQ 等交流软件建立朋友圈，进行工作、学习、情感等方面的互动交流。这可以为人们更好地展示自己的知识水平和沟通技能提供很好的平台。人们有时也依据一个人的朋友圈来判断他的性格、职业、生活方式等等，并根据一些经验和常识形成交往印象，这进一步决定着交往的方向和深度。领导干部根据工作需要、社会需要和情感需要建立多个交往圈，这些交往圈不是独立的，而是彼此相联系，共同的交集就是干部自身。因此，领导干部要在各种关系互动中获取知识、提升工作效率和自身幸福感，同时要关注关系本身的影响，积极培养良好的沟通技能，并且注意在与他人交往时监控自己的情绪，认识自己的情绪和心理行为如何更好地影响别人。倘若一个人没有处理好各种关系，把自己困在正如美国心理学家沙赫特·斯坦利（Schachter Stanley）设计的"小房间"，与外界隔绝，或者把一种不良关系的压力情绪传导到其他关系之中，导致"多面受敌"的人际困扰，最终就会把问题指向自身，不愉快地面对工作任务和身边的每一个人，很容易由于压力过大而导致焦虑、抑郁等心理问

① 王军威：《基层公务员工作满意度问题研究——基于郑州市金水区的调查》，华东科技大学 2008 年硕士学位论文，第 29 页。

题，甚至出现失眠、内分泌紊乱等生理问题。

福特公司起死回生的秘密

美国福特汽车公司新泽西的一家分工厂，因管理混乱而濒临倒闭，总公司派去了一位新的管理者。他在到任后发现：偌大的厂房里，一道道流水线如同一道道屏障隔断了工人们之间的直接交流；机器的轰鸣声，试车线上滚动轴发出的噪音更使人们关于工作的信息交流越发难以实现。于是，这位管理者果断地决定：员工的午餐费由厂里负担，鼓励所有的人都留下来聚餐，共渡难关。在员工看来，工厂可能到了最后关头，需要大干一番了，所以心甘情愿地努力工作。更重要的是，这位经理给员工们提供了一个互相沟通了解的机会，以建立信任空间，使组织的人际关系有所改观。在每天中午员工就餐时，经理还亲自在食堂的一角架起了烤肉架，免费为他们烤肉。一番辛苦没有白费，在那段日子，员工们餐桌上谈论的话题都是有关组织未来和发展走向的问题，大家纷纷献计献策，并就工作中的问题主动拿出来讨论，寻求最佳的解决方案。这位经理冒着成本增加的风险拯救了公司不良的人际关系，使所有的成员又都回到了一个和谐的氛围中去。两个月后，公司业绩回转。五个月后，公司开始盈利了。

二、领导干部人际融合能力修炼

所谓人际融合，就是在共情、包容的氛围之中主导关系进程，形成各种关系的黏性，不断增强人际间的适应性和合作的主动性，以达到工作任务的完成和组织目标的实现。领导干部要善于凝聚人际动力，把"上下""左右"的工作关系协调好、处理好，这首先离不开与人共情的能力，这个能力不仅要求识别他人的情感，而且还要从他人的角度来看待这种情感。所以说，共情并不意味着完全同意他人的情感，而是能够承认并且尝试体验他的感受。缺乏共情心的人，很容易出现人际冲突问题。当一个人能够设身处地地思考"这个人一般的情绪状态是什么""我的行为、交流或者反应怎样影响他人的情绪状态""我如何能够改变交流或行动的方式，从而更加准确地从互动中获得我想要的结果"等问题的时候，并按照交往原则进行活动，人际融合就发生了。

图解	人际关系状态	相互作用水平
◯　◯	零接触	低
◯→◯	单向注意	
◯⇄◯	双向注意	
◯◯	表面接触	
◯◯	轻度卷入	
◯◯	中度卷入	
◯◯	深度卷入	高

图 8-1　人际融合水平①

①　J. C. Freedman, et al: Social Psychology (5th ed.). NJ: Prentice – Hall Englewood Cliffs, 1985: 230.

（一）注意与尊重

注意是人的一种心理准备状态。在人际交往过程中，有一种心理学现象叫"鸡尾酒会效应"，它指的是在鸡尾酒会上人耳的掩蔽功能，虽然环境嘈杂、噪声很大，但交流双方似乎不受各种噪音的干扰，只把关注重点放在对方的谈话声和谈话主题上了。这反映了人的注意具有一定的选择性。也是人与人交往（尤其是初期交往阶段）相互尊重的行为表达。在网络时代里，领导者要警惕网络抱怨，越来越多的人正在使用计算机、手机辅助沟通工具发泄他们的愤怒和失望，他们会贴出一些未经审查的消息。对组织政策、薪酬忧虑、内部士气等评价称赞少、抱怨多。特别令领导者头疼的是，没有制衡机制来确保其所表达的不平、委屈都是真实的，但"一个苍蝇坏了一锅汤"，几个怨恨的员工可以严重破坏整个组织的士气和形象。因此，应通过注意网络抱怨来及时发现员工之间的"热点"问题，及时改进工作关系。

公元前五世纪左右，在英格兰岛上亚瑟王和他身边的骑士们举行各种会议或仪式时都围坐在一个特别大的圆桌旁。坐在圆桌旁也就意味着每个人都是平等的，由于圆桌的曲线，所以坐在周围的人无首席、次席之分，人们之间就会产生平等、和谐、融洽的感受，坐在圆桌旁的人们更容易产生亲密的关系。注重与下属的平等相处，而非刻意凸显领导者的虚荣心与"等级差异"。斯坦福大学心理学教授卡罗尔·德韦克（Carol Dweck）的一系列实验证明，过于关注自身外在形象会妨碍人们完成新任务。曾经担任美国海军舰长的迈克尔·阿伯拉肖夫（Michael Abrashoff）说过："我不止一次地问自己，当一位下属走进办公室的时候，我是否真正地给予了对方应有的重视？我只是等待着对方讲完，然后发布命令——事实上，可能我并没有真正地听到他到底在讲些什么。"① 有些领导者喜欢应用"黄金定律"（主旨为"你希望别人怎么对待你，你就要怎么对待别人"）来处理人际关系，却招致某些不快、危机和冲突，原因之一就是忽略了人与人之间的差异，主观地把自己的希望、意愿强加于人。人之为人，有其共性、相通的一面，"以己及人，视人犹己"有时是可行的、有效的。但一味如此则不行，"天下之事，有己所不欲而人欲者，有己所欲而人不欲者"。1936 年法国左翼作家安德烈·纪德（Andre Gide）访问苏联时就锐敏地觉察到：在苏联，在任何事情上都不能有一种以上的意见，对当局哪怕有一丁点反对意见、一丁点批评都会被扣上"反党""反苏""反人民"的帽子，都会招致严重惩罚，人们立刻就噤若寒蝉了。思想的"清洗"又往往导致肉体消灭。苏联政治家约瑟夫·维萨里奥诺维奇·斯大林（Joseph Vissarionovich Stalin）从 1929 年以后就深居简出。晚年的生活圈子更加狭小，只在莫斯科近郊的别墅居住。宴请苏共的一些领导成员时，他经常借故离开坐席，回来后不是马上进宴会间，而是在门口长时间偷听大家在自己不在场时讲什么。后来，很多人都在斯大林离开时，对他进行歌功颂德。事实上，这样的斯大林对很多真实情况知之甚少。美国金融公司经理伍德亨能够取得辉煌的成就，得益于他年轻时养成的一种调整情绪的习惯。当时他还是一个公司里的小职员，受到同事们的轻视。有一

———————

① ［美］迈克尔·阿伯拉肖夫：《这是你的船》，机械工业出版社 2015 年版，第 56 页。

次，他实在忍无可忍，决定离开这家公司。临行前，他用红墨水把公司里每一个人的缺点都写在纸上，将他们骂得体无完肤。骂完后，他的怒气逐渐消去，决定继续留在公司。自那之后，每当心中愤怒的时候，他总是用红墨水把满腹牢骚都写在纸上，随后立刻感觉轻松不少，好像一个被放了气的皮球一样。这些纸条一直被他隐藏起来，从不拿给别人看。后来，同事们知道他的这种宣泄怒气的方法后，都觉得他极有涵养。上级领导知道此事后，也对他青睐有加。心理学家认为，在发生情绪反应时，大脑中有一个较强的兴奋灶，此时，如果另外建立一个或几个新的兴奋灶，便可抵消或冲淡原来的优势中心。

（二）接触与分享

接触是无言的方式，它可以连接两个人之间的空间，能建立一种关系。1950 年，美国社会心理学家费斯汀格（Festinger）做了一系列相关研究。他认为，无论是在人生的哪个阶段，大量的"非主动接触"（Passive Contacts）都是一段友情得以开始的关键。它指的是，一些人自然地反复在你身边出现，同学、同事、邻居等。心理学中也用"多看效应"（Mere Exposure Effect）来形容这种现象。多看效应的基本意思是，单纯的反复暴露就会影响你对被暴露物的印象。实验结果显示，如果一个人一开始对于被暴露物的印象是正面或者中立的，反复暴露会增强他对被暴露物的好感。但是，如果这个人一开始对于被暴露物的印象就是负面的，反复暴露则会增强他对被暴露物的反感。"从熟人变成朋友的一个典型特征，就是自我暴露的广度和深度的增加。"加拿大温尼伯大学教授贝费利·费荷（Beverley Fehr）表示，这个过程往往是这样的：当你们保持经常的见面后，有一方会先冒着暴露个人信息的危险，去"测试"对方是否会有相应的回应。如果双方都愿意进行自我暴露，就像是一把打开友情的钥匙。

在青春期时，朋友间的自我暴露是非常迅速和猛烈的，但在成年人的世界里，如果想要交到真正的朋友，自我暴露不是越快越好，深度和速度都需要适度。美国纽约州立大学石溪分校心理学教授阿瑟·亚伦（Arthur Aron）做过一个实验，如何能在45分钟的时间内使人们达到人际上的亲密。他发现，发展出友情的关键是"循序渐进地暴露私人信息"——即便是在短短45分钟的时间里也是如此。"分享需要适度，过度分享会被认为是片面的、压倒性的、不恰当的社交。"那么，如何辨别出自己的分享是过度的呢？阿瑟·亚伦说，观察对方的反应是一个好方法，如果你发现对方有些紧张、不安，或者不知道如何接话，就说明你可能在进行过度的自我暴露。阿瑟·亚伦试验了多种沟通的模型，最终开发出了一个在短时间内最容易交到朋友的问题模型，其中包括3组问题，每组12个。第一组问题是带一点私人性质的，比如"在打电话之前，你会预先练习将要说出的话么""你上一次对自己唱歌是什么时候"等；第二组则更私人，比如"你最恐怖的记忆是什么""有什么事情是你一直以来梦想做的吗？为什么你还没有做它"等；最后一组则是最为私人的，比如"你上一次在其他人面前哭是什么时候""在你的家庭中，谁的去世会让你最难过"等。通过这些问题引发循序渐进的自我暴露，最容易使人们打开心扉，成为朋友。

多以正面的眼光看待别人，善于发现他们的优点、成绩并予以充分肯定、赞赏。罗马尼亚散文家埃米尔·米歇尔·齐奥朗（Emile Michel Cioran）曾经说过，如果每个人都说出自己最隐秘的渴望，那个鼓舞他所有计划和行动的渴望，那渴望一定是"得到赞扬"。对于领导者，人们往往都有了解的意愿：他们想知道领导者真正在乎什么，想知道你的目标和期望是什么，想知道什么人对你影响最大，想知道你的过往经历，你的个性特征，你的家庭是什么样的，他们还希望了解"是什么在激励你，什么使你感到快乐，什么会使你自责……这并不是刺探隐私。因为每个人都更愿意相信那些他们了解的人"。

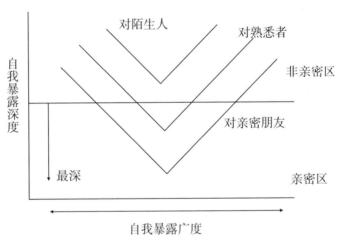

图 8－2　暴露水平与交往程度的关系①

（三）达到心理相容

所谓心理相容，就是交往双方能够容言、容事和容人，做到"三容"。"鸡犬之声相闻，老死不相往来"，保持良好的心态，使自己总能理智地、有节制地、有分寸地处理好各种问题

---

① J. L. Freedman, et al: Social Psychology (5th ed.). NJ: Prentice – Hall Englewood Cliffs, 1985: 246.

和各方关系，建立一个较大包容性和较宽覆盖面的高层次心理结构，在心理上容纳他人或自我，以更好地适应外界变化。1995 年，加拿大心理学教授贝费利·费荷（Beverley Fehr）在《友谊进程》（Friendship Processes）一书中分析了友情在成年人早期的发展过程。她认为，当成年人的友情进入到维持阶段时，就不再需要物理上的接近和反复的互动，搬家、异地都不是一份长久友情的障碍；朋友的"实用性"也几乎起不到什么作用。"实用性"指的是作为朋友能够给的实际帮助，比如借钱、借车，或者帮办一件事。这些都对于维持友情来说无足轻重。

维持友情的关键是建立一种成熟的、直觉性的理解，去给予和索取亲密感。心理学家卡罗琳·威斯（Carolyn Weisz）等人研究发现，不同于青春期，在人成年以后，成为密友的关键是"支持彼此的社会认同"（Social Identity）。她针对大学生的四年大学生涯进行了跟踪调查，重点研究友情持续时间、亲密程度与三个变量的关系：接近性、联络频率以及支持对方的社会认同的程度。结果发现，接近性、联络频率和社会认同支持这三个因素都能够预测友情的持续时间，即两个人越接近、越经常联络，给对方社会认同的支持越多，友情都会越长久；但只有社会认同支持一项，能够预测人们是否能成为最亲密的朋友。大量的社会认同支持也往往来自那些和你不在同一个群体内的朋友，但他们能够对你的社会身份进行确认。

"刘邓"通常是党史上对邓小平和刘伯承二人的简称。抗日战争时期，刘伯承任 129 师师长，1938 年 1 月，邓小平同志调任 129 师政委，从此，二人开始了几十年的亲密合作与同志情谊。由于刘伯承年长邓小平 12 岁，加上一只眼睛视力较低，行动不便，邓小平同志经常力争做一些实际的工作，例如起草、签发电报，接听电话，检查、督促作战方案的贯彻执行等等，并且邓小平同志还经常叮嘱工作人员："刘师长年高体弱，要特别注意！有事多找我和参谋长，师长是军事家，大事找他决策。"而刘伯承则常说："邓政委是我们的好政委，文武双全，我们大家都要尊敬他，都要听政委的。""刘邓"二人彼此互相尊重，情同手足，邓小平同志总是把刘伯承当做兄长一样看待，刘伯承也同样尊敬邓小平，把他当做自己的亲兄弟一样看待。靠着这种同志加战友的深厚情谊，"刘邓"二人建立了一个团结稳定的领导班子，成就了军政主官密切配合，"刘邓"二人不可分割的佳话，带出了一支战无不胜的"刘邓大军"。后来的解放战争时期以及中华人民共和国成立后，"刘邓"二人尽管有时因工作原因分隔两地，但两人的心仍然连在一起。1986年10月7日，刘伯承同志与世长辞，10月14日，邓小平同志携全家老小来向老战友作诀别。邓小平同志在《悼伯承》一文中说："我认识伯承，是一九三一年在中央苏区。初次见面，他就给我留下忠厚、诚挚、和蔼的深刻形象……我比他小十多岁，性格爱好也不尽相同，但合作得很好。人们习惯地把'刘邓'连在一起，在我们两人的心里，也觉得彼此难以分开。同伯承一起共事，一起打仗，我的心情是非常愉快的。伯承善于与同志团结共事的高尚风格，在今天仍是我们领导干部的表率。"①

---

① 《邓小平文选》（第3卷），人民出版社1993年版，第185页。

三、领导干部的同理心管理策略

（一）把自己的脚放在别人的鞋子里

西方有个谚语"Put one's feet in other's shoes."，意思是"把自己的脚放进别人的鞋子里"，不是削足适履的迁就之举，而是走出自己的参照框架，带入到对方的体验之中。领导者进行心理换位、将心比心，设身处地地对他人的情绪情感进行觉知、把握和理解，以做出共情性的回应。汽车大王亨利·福特（Henry Ford）有一句名言：成功的秘诀，在于把自己的脚放入他人的鞋子里，进而用他人的角度来考虑事物，服务就是这样的精神，站在客人的立场去看整个世界。当在冷冰冰的流水线上，工人被固定在一个工位上，成为了机器的一部分，他们没有了手工业时代制造一个产品的成就感。福特认为他们必须得到另外的补偿，才能寻找到工作的意义。于是，他大胆倡导并实施了一个与雇员平分利润的方案。这在当时的美国可谓石破天惊。通过与雇员分享50%利润，并针对特殊岗位雇佣残疾人士，从技术员、工程师、创业者、企业家到慈善家的每个角色来看，都展现了他对员工（特别是上万名残疾人士）发自内心的尊重，让数百万蓝领工人更有尊严、生活更加体面。他说过："作为领导者，雇主的目标应该是，比同行业的任何一家企业都能给工人更高的工资。""如果你想得到他的最佳发挥，你必须真正的酬谢他，必须给他生活的希望。"当他把客户和工人都看成了自己的客人时，工人们都心存感恩，对工厂的感情更加深厚。高度的组织忠诚感和事业心使得这家公司在技术和管理上不断创新，竞争力远远超过其他企业。

表8-2　有无同理心的对比

有同理心沟通	无同理心沟通
以对方为中心	以自我为中心
以对方的感受为出发点	以自己的感受为出发点
以双方达成共识为结果	以说出自己想说的内容为结果
多倾听	多辩解
接纳、关怀、尊重	抗拒、不接纳、批判
就事论事	翻旧账
重视自由意志和主体性	操控
多情感投入	多情绪投入

（二）先处理心情再处理事情

人类大脑中的杏仁核是主管情绪的，具有产生情绪、识别情绪和调节情绪的功能。情绪系统是一个相对独立的系统，能够很快地接收到外界信息、操控人的行为，但是行为标准往往依然停在原处，跟不上变化，因而情绪常常在现实环境中对人形成困扰。春秋时期，齐国遭遇一次大饥荒，一位名叫黔敖的富翁在路上准备好食物来赈济难民。突然，一个饥饿不堪、用衣袖半遮着脸面的人，拖着鞋子，踉踉跄跄地走过来。黔敖左手拿着饭菜，右手端着汤，吆喝道：嗟来食！喂！快来吃吧。只见那个人抬头望了望黔敖说："我就是因为不吃嗟来之食，才饿成这样的。"说完就弃食而去。黔敖听后表示歉意，但是这个人始终不肯吃，最后活活饿死了。这就是没有先处理心情，直接处理事情的后果。美国社会心理学家乔纳森·海特

（Jonathan Haidt）在《象与骑象人》一书中，把情绪比作大象，而把理智比作象背上的骑象人。大象在温顺的时候会非常服从骑象人的指挥，但是如果大象想自己拿主意，骑象人就没有太多办法，甚至沦为大象的代言人。试想，虽然现在人们已没有了饥寒之苦，但是自尊心仍然是强烈的心理需求和心理底线，损伤不得。现实环境中，有的领导干部脾气火爆，经常在公众场合对着下属发火骂娘，根本不顾他们的情绪和感受，下属在这里失去尊严，工作中战战兢兢、谨小慎微，很难谈得上忠诚于组织、爱岗敬业。美国黑人作家玛亚·安杰卢（Maya Angelon）曾经说过，人们会忘记你说过的话、做过的事，但是永远不会忘记你带给他们的感受。因此，要先收听自己的感觉，把自己调整到可以发掘自己的感受，能体会这些感受，然后再选择表达感受的方式，同时积极收听他人的感觉，并且用体谅来回答他人的感觉。

（三）善于运用策略性同理心

心理咨询中常常使用一种技术叫坐空椅子训练，即当一个人与别人发生矛盾了，他就想象对方坐在自己对面的椅子上，可以把自己的意见和理由讲给对方听，然后自己再坐到椅子上，模仿对方的心态和语言来进行辩护。这种技术利用的是当事人换位思考所带来的心理和行为改变。了解了对方的立场、感受和情绪，并替对方表达出来，就属于"策略性同理心"。研究表明，仅有单方面的同理心，有时候就变成了单方面妥协，要想达到双方满意的结果，就需要把对方的立场、感受与情绪用一种客观的口吻说出来。美国联邦调查局（FBI）谈判专家克里斯·沃斯（Chris Voss）有一次遇到 3 名逃犯藏匿在公寓里，跟警方僵持了 6 个小时，就是不出来。他没有利用"请你想想自己的家人、孩子，想想他们有多需要你……"等话语来引起对方共鸣，而是说"似乎你们不想出来，你们担心我们会开枪，你们也并不想回到监狱里"，直接把逃犯当时的情绪判断清楚，并客观地描述出来。经过思想斗争之后，这 3 名逃犯缴械投降，走出了公寓。新南威尔士大学的一个开创性研究项目调查了 77 个组织的 5600 名员工，发现"组织中影响利润和效率的一个最大因素……是领导者花费更多时间精力来培养和认可员工、接受反馈、包容批判，并在员工间培养合作关系的能力"。在一些事情上，愿意设身处地站在别人的角度去考虑，而非一味以自我为中心。从自我价值尺度认定的不合理，从他人标准来看却有其合理性。顾客觉得非常昂贵的价格，商家却可能认为已经相当优惠了。一个人觉得是无可奈何的选择，从别人的立场来说，却可能认为是理所当然的。遇到看法不一致时，互换视角去寻找双方的重合点，有助于矛盾的化解，有助于人际关系的协调。这当然也能够显示出对别人的尊重。

自我评定：测测你与他人相处的能力①

下面的二十道题目，能检测你与人相处的能力如何。每一道题目，请根据你的实际情况选择"是"或者"否"，然后计分评判。

1. 你是否常常在别人没有提出要求的情况下，主动表达

---

① 刘毅：《管理心理学》（第 2 版），四川大学出版社 2008 年版，第298 页。

你的观点?

　2. 你是否认为在你的好朋友当中,你比他们中至少三个人更有本领?

　3. 你是否认为独自一人吃饭是一种享受?

　4. 你对报刊上的侦探故事、破案消息报道是否很有兴趣?

　5. 你对测验题是否有兴趣?

　6. 你是否喜欢向别人谈论自己的抱负、失望和困难?

　7. 你是否经常向别人借东西?

　8. 和朋友一起外出娱乐、吃饭时,你是否希望各付各的钱?

　9. 当你讲述一件事情的时候,是否把每一个细节都讲出来?

　10. 当你招待朋友需要花少量钱的时候,你是否喜欢这种招待?

　11. 你是否为自己绝对坦率直言而自豪?

　12. 当你和别人约会的时候,你是否常常让对方等候你?

　13. 你是否从内心喜欢孩子(不包括自己的孩子)?

　14. 你是否开庸俗的玩笑?

　15. 你对人是否常常怀有恶意?

　16. 你讲话时是否常常使用"非常好""特别好"或者"坏极了"一类字眼?

　17. 购物、乘车时,如果售货员和售票员态度不友好,你是否非常生气?

　18. 对那些不像你一样对音乐、书籍或者体育活动充满热情的人,你是否认为他们愚蠢无聊?

　19. 你是否常常许诺但不兑现?

20. 当你处在不利的情况下，你是否会变得灰心失望？

评价标准：第 1、2、3、7、8、9、11、12、14、15、17、18、19、20 题为反向计分题，回答"否"得 1 分，否则得 0 分；第 4、5、6、10、13、16 题为正向计分题，回答"是"得 1 分，否则得 0 分。把分数相加，16～20 分表示与人相处能力相当好，12～15 分表示与人相处能力很好，8～11 分表示与人相处能力不太好，7 分以下表示与人相处能力不好。

微信扫码

★提升领导干部素质★加强党员干部修养
另配文章资讯、智能阅读向导

第九章

领导干部社会支持
系统维护

美国政治学家亨廷顿（Samuel P. Huntington）在其著作《变化社会中的政治秩序》中说道，一个高度传统化的社会和一个实现了现代化的高度文明社会，其社会运行应是稳定而有序的，但是一个处于社会急剧变迁、社会体制转轨的现代化过程中的社会则必将萌发种种不确定的因素。领导干部，特别是基层干部在新时代、新任务、新要求面前，普遍感受到较大的心理压力，他们往往在人际交往上呈现一定的压力型特征，特别是单位中有些人心存怨恨，整天满腹牢骚、骂骂咧咧，容易把所有存在问题的根源都归结到别人身上，指责上级决策失误、下级执行不力、同级配合不到位，等等。一旦认定是别人导致了各种各样的问题，当然就会对别人（包括上下、左右的人）心怀不满、充满怨恨。而且，久而久之，心里的怨恨会越积越多，就好像一只被不断吹气的气球，最后会越吹越大，乃至膨胀、爆开。"多数时候，我们认为其他人才是问题的原因，所以当问题发生时，我们便会十分愤恨……我们把最终发生的恶果归咎于别人，让自己跟它毫不相干。"[①] 社会支持指的是来自个体所喜欢、所关注或者所重视"重要他人"的信息与反馈，是交流和相互支撑的网络体系的重要组成部分。它能够为一个人提供切实的帮助、信息和情感上的支持。所以，强化社会支持系统，能够在疏解领导干部心理压力、融洽同事关系、和谐家庭关系、健康朋友关系和情温组织关系等方面发挥重要作用。

---

① ［美］梅尔·吉尔:《非常识》，中国和平出版社 2005 年版，第 170 页。

一、圈网你我他

中国社会学家费孝通曾经说过："我们的格局好像把一块石头击在水面上所发生的一圈圈推出去的波纹。每个人都是他社会影响所推出的圈子的中心。被圈子的波纹所推及的就发生联系。每个人在某一时间某一地点所动用的圈子是不一定相同的。"汉斯·乔治·沃尔夫（Hans Georg Wolff）和克劳斯·莫瑟（Klaus Moser）是德国的两位教授，他们对什么是发展人际关系网给出了很好的定义："它是那些旨在建立、维护和使用非正式关系的行为，这些行为有可能令工作方面的活动更加顺利，其本质是个体自愿寻找获取资源的途径并且尽可能扩大自己的优势。"萨尼可·A·乔尼（Saj－nicole A. Joni）在其著作《第三意见》中指出，现代领导需要懂得找寻适当的专家、顾问或者导师，与他们建立情谊，并善用这些人的智慧和协助。因此，要多认识一些"带圈"的朋友。因为每个人的人际网是不同的，朋友身边的朋友也可以成为自己的朋友，这样一来就如同数学的乘方一样，能够快速建立人际网。"带圈"不仅意味着交往范围的叠加扩大，更意味着信用的多重担保。人们可以通过朋友身边的朋友来进一步认识了解他们，并且可以在认识"带圈"的朋友来弥补自己在个人社会关系中的不足。在以数字化和虚拟化为标志的网络社会里，人际交往产生了空间和时间的拓展变化，使得人们"多点对多点"的交往模式成为现实，这无疑丰富了交往的内容和形式，也给联结社会网络提供了便利。

二、领导干部的社会支持特征

法国作家罗曼·罗兰（Romain Rolland）曾经说过："人类的一切活动，其实就是心理的活动。"一个人处在社会环境中，与不同的人交流相处，彼此产生情感判断和关系连接。不管情感是积极还是消极，关系是强型还是弱型，都在个体社会生活中起到重要影响作用。社会支持是一个心理学概念，早期的概念主要反映一定的社会网络运用一定的物质和精神手段对社会弱势群体进行无偿帮助的行为的总和。随着研究的深入，国内外学者不断拓展社会支持的内涵外延，由物质的支持延伸到精神、情感上的支持。研究对象也从社会弱势群体到一般正常人，因为研究内容中不再只强调物质的缺失，而越来越多地关注心理压力大、精神焦虑程度高等心理弱势群体的行为表现和心理活动方面。

（一）较大的心理压力需要强化社会支持系统

压力有高低之分，且受个体认知经验和易感能力的影响比较大。有的人在压力面前从容不迫，"兵来将挡水来土掩"，办法总比问题多；而有的人在压力面前很快缴械投降，常常一蹶不振。但总的来说，每个人生活在人情社会之中，都会遇到各种工作和生活压力。适度的压力能够产生工作动力，也能够提升工作绩效。而过大的心理压力就会对个体心理防御机制产生破坏作用。领导干部，尤其是基层干部就是心理压力比较大的群体之一。2016 年，袁书杰等人通过调查和走访北京市朝阳区的173名基层干部发现，压力较大、有些超负荷以及压力过大、身心俱累的干部总占比为39.18%。西部某县对全县领导干部进行调查与访谈，发现"焦虑"值、"抑郁"值、"躯体化"值等偏高，分别高出全国平均值9.6%、8.2%、10.8%。这些都意味着基层干部的压力问题较为突出，及时有效疏解干部心理压力已是当务之急。霍团英等人研究认为，33.1%的领导干部把自己的日常压力归结于人际关系。研究表明，要解决心理压力问题需要依靠两个途径，其一是向内发力，通过自身强大的心理资本和认知协调系统进行疏解压力；其二是向外借力，通过积极构建强大的外部支持系统来应对和缓解压力。社会支持主要是从外部支持的角度对个体压力进行调适与管理。在社会支持系统中，试问自己：如果陷入困境，有多大把握能得到他人广泛、及时而又有效的帮助？这些"他人"都包括谁？请将其列出来。这就是对一个人社会支持系统强弱的最简单评估。只有社会支持系统强了，才能在逆境中获得信心和能量，在顺境中收获快乐和成功。

（二）强个人弱组织

人们在社会关系网络中能够获得来自他人的物质和精神上的帮助和支援。一个完备的支持系统包括亲人、朋友、同学、同事、邻里、老师、上下级、合作伙伴等，当然，还应当包括由陌生人组成的各种社会服务机构。每一种系统都承担着不同功能：亲人给予物质和精神上的帮助，朋友较多承担着情感支持，而同事及合作伙伴则进行业务交流。但是，当前领导干部面对错综复杂的社会矛盾，有时会持忧虑心态，担心干群关系不融洽、得不到上级的理解支持、被污名化，等等。特别是遇到棘手的问题（如拆迁），在处理急难险重的工作任务时，如何既能得到上级的有力支持，又能让群众满意，这非常不容易。当前，领导干部在面对适应新形势下工作岗位要求、处理单位内部（单位与单位之间）人际关系、接受社会大众监督（包括舆论监督）、角色成长（职业发展、晋升）烦恼、家庭生活亏欠以及面对各种诱惑等方面都顶着巨大的压力，他们不可能独自面对和解决所有麻烦，时常出现"有委屈无处说，对上级不敢说，对同事不能说，对亲朋不愿说"的孤立无援困境。在很多情况下，领导干部仍在积极构建以个人层面为主的社会支持系统，没有在组织层面上强化社会支持网络。可以说，当前关于领导干部间的谈心、谈话活动不少，但是针对领导干部心理困惑、心理问题或心理障碍的寥寥无几。组织部门可以具体确定可能存在心理困扰的谈话对象，选择合适的时间、场合，与谈话对象真诚坦率、耐心细致地交流思想，才能让他们很好地融入集体之中。

（三）表面强内心弱

权力等级决定着关系范围，一般来说，权力越高（影响力越强）的人能够掌握的社会资源也越多。但是，很多较有影响的影视明星表面上拥有很多粉丝，过着令人羡慕的光鲜生活，但是他们却内心孤独苦闷，出现抑郁等症状，或者转向吸毒寻找新的刺激，甚至选择自杀以求解脱。一直以来，公众对官员因抑郁症自杀，仍存在一定的疑惑，往往认为官员抑郁症不过是官员非正常死亡合理解释的"万金油"。他们觉得集万千光彩于一身的干部和官员们，往往在宽敞明亮的办公室里吹空调、喝闲茶、读文件、看报纸，在装饰华丽的饭店里公款消费，还端着"铁饭碗"，在前呼后拥的和谐氛围里工作生活……几乎没有任何不愉快的因素，怎么就得抑郁症了，而且选择自杀一死了之？事实上，信息化时代下官员已没有什么隐私，一举一动都暴露在公众的视野之中，然而往往"众口难调"，无法满足所有人的期望。公众言论的压力，越来越成为限制他们言行的枷锁，往往让官员们觉得左右为难、焦虑不堪。此外，由于存在对权力认识的偏颇，一些干部走上领导岗位之后，就从单位的"大集体"中分离出去，被"特殊对待"起来，领导干部只能形单影只，无法与身边同事分享喜怒哀乐，导致心理压抑。瑞士作家卡尔·史比德勒（Carl Spitteler）曾经说过，一个人在各种压力下，心情沮丧的时候，总是喜欢被人邀请。领导干部在不愉快的时候，内心也非常脆弱，需要朋友亲人的抚慰，需要单位内部的友爱氛围，因此，要不断增强单位内部职工间的感情联系，通过及时有效的心理疏导来关注、关心、关爱干部。

三、构建领导干部社会支持系统的策略方法

（一）观念突破

由于受传统文化的影响，再加上心理科学在国内发展的时间较短，一些领导干部对心理学的认同度不高，不愿接受甚至抵触相关的心理学知识，这无形之中导致了他们对心理健康认识的缺乏。此外，有些领导干部即使意识到自己存在一定的心理困扰，但是对国内心理咨询机构和咨询水平缺乏足够的信

心，且多数干部碍于情面，或认为"心理问题是别人才有的，自己不存在"，担心别人发现自己有心理问题，不敢主动寻找帮助，更不敢找上级领导谈心谈话，害怕影响自己在上级领导心目中的形象和自己的发展前途，最终在焦虑困顿中独自承受心理煎熬。所以，首先要解放思想，寻求观念上的突破。《科学》杂志上刊登的一项研究，请41名学生对一个虚构的人物填写一份个人印象问卷，对此人的十种人格特质进行评分。不过在学生进教室填写问卷之前，都会先遇见监考官，监考官手上挽着两本教科书、一个笔记板以及一杯咖啡，他们一起搭电梯时，他还请学生帮他拿一下咖啡，最后他们一起走进教室。学生并不认识此人，而这个陌生监考官拿的咖啡有些是热的、有些是冷的。结果相当令人惊讶：那些拿到热咖啡的学生，有较多人（与拿到冷咖啡的学生相较），将虚构人物评断为一个个性温暖的人。这个实验还做过第二次，学生人数增至53人，不过这次学生拿到的不是咖啡，而是热敷包或冰敷袋，说是要请他们做产品评估。填完问卷之后，学生可以选择拿一瓶思乐宝果汁，或是一张一美元的冰淇淋兑换券，作为他们帮忙填写问卷的谢礼。一美元的冰淇淋兑换券被设定为送给朋友的赠礼，思乐宝果汁则被设定为给自己的奖赏。结果拿到冰敷袋的学生有75%选择思乐宝果汁，但是拿到热敷包的学生，超过半数（54%）选择把礼物给朋友（一美元的冰淇淋兑换券）。而刊登在《演化心理学期刊》上的另外一项研究，也获得类似的结论，手持温热的物品会令人们萌生温馨的感觉，使之较乐于与人合作，并对人给予正面的关注。热情主动地面对人与事，是赢得社会支持的重要力量，有时工作标准的严苛让人们无暇思考关系本身。英国管理思想家查尔斯·汉迪（Charles Handy）曾经说过："我发现原来自己所学到的东西中，有那么多是来自于我在生活中所遇到的事情，而非正规的学习课程。但是要想从中学到东西，仅仅经历过这些事情还不够，还必须要对自己的经历加以思考。在人们繁忙的生活中，有太多时候根本没有思考的余地。"所以，领导干部在工作之余，需要主动地思考经历本身，多以积极的心态去融入，并寻求解决问题的有益知识和社会帮助。

（二）推己及人

不同于同情，推己及人强调的是能够设身处地地站在别人的角度，理解并欣赏别人的做法。在下属追随力形成的影响因素中，移情能力是领导者赢得追随的重要因素之一。一般而言，移情能力高的人，情商也很高。心理学家苏彼得（Peter Salovey）曾经担任过耶鲁大学校长。他因对"情绪智力"（Emotion Intelligence）理论和与之相关的情商（Emotional Quotient）的开创性研究而闻名于世。当苏彼得还是耶鲁大学研究生院院长的时候，有一次他准备接受时任美国总统威廉·杰斐逊·克林顿（William Jefferson Clintor）的接见。在会场外的停车场里，他不小心把自己的车横插在总统的加长豪车前面。保安冲他挥手要把他赶走。这时，豪车的车窗摇了下来，总统探出头来，冲保安挥手说："没关系，这是我的朋友苏院长。"10分钟之后，苏彼得受到总统正式接见，想起刚才的一幕，他的心怦怦直跳，但是脸上还要强作欢颜，勉强挤出一丝笑容。但总统仿佛从苏彼得的面部表情中看出了苏彼得的紧张，他微笑着迎上前来，紧紧握着苏彼得的手说："苏院长，你不记得了吗？我们是老朋友了。你不用紧张，因为我是来这里拜见你的。"在任耶鲁大学校长期间,苏彼得在北大发表公开演讲,谈起了这桩自己亲身经历的糗事,"实际上我们这对老朋友只认识了10分钟,而且,不是他来拜见我,而是我去拜见他。"并配上克林顿总统和自己握手的照片,照片中克林顿满面春风的笑容和他略显拘谨的笑容相映成趣,引发现场观众的哄堂大笑。苏彼得校长说,作为一个资深政治家,克林顿显然具有很高的情商,看出了他的面部特征所代表的情感,"我的嘴在笑,而眼睛没有笑,要知道,真正的笑容是眼睛和嘴都放松的那种发自内心的笑容。察言观色就是情商的一种表现,克林顿总统想帮助我管理我的情绪,让我感觉更好。"人本主义心理学代表人物卡尔·兰塞姆罗杰斯(Carl Ransom Rogers)在《个人形成论》(On Becoming a Person)中写道:"能去了解别人的想法,让我获益良多。也许你会觉得奇怪,真有必要去了解别人吗?我想是的。我们对许多'陈述'的第一反应常常是'估量'或'评判',而不是去'了解'。每当有人要表达感受、态度或者信念,我们通常的反应都是:'这是对的''这好蠢''那个不好',我们很少会设身处地去了解陈述者话里的真正意思。"

阿地巴跑三圈的"秘密"

有一个叫阿地巴的人,生活在古老的藏族地区,他有一个特殊的习惯:每次生气和人起争执的时候,就以很快的速度跑回家去,绕着自己的房子和土地跑三圈,然后坐在田边喘气。多年以后,阿地巴老了,他的房、地也已经很广大了,但他生气后,仍会拄着拐杖艰难地绕着土地和房子转,等他好不容易走完三圈,太阳已经下山了,阿地巴独自坐在田边喘气。他的孙子看到后恳求他说："阿公！您已经这么大年纪了，这附近地区也没有其他人的土地比您的更广大，您不能再像从前，一生气就绕着土地跑了。您可不可以告诉我您一生气就要绕着土地跑三圈的秘密？"阿地巴终于说出了隐藏在心里多年的秘密，他说："年轻的时候，我一和人吵架、争论、生气，就绕着房、地跑三圈，边跑边想：自己的房子这么小，土地这么少，哪有时间去和人生气呢？一想到这里，气就消了，然后把所有的时间都用来努力工作。"孙子问道："阿公！您年老了，也很富有了，为什么还要绕着房子和土地跑呢？"阿地巴笑着说："我现在还是会生气，生气时绕着房子和土地跑三圈，边跑边想自己的房子这么大，土地这么多，又何必和人计较呢？一想到这里，气就消了。"

（三）道德影响

有一种领导类型叫道德型领导（Ethical Leadership），是指具备高尚的道德、修养及魅力的领导者，这类领导者能够透过自身的伦理行为实践来唤起下属的正义感、责任感，促进支持与信任。在现实生活中，常常会发生这样的事情：同样的事，同样的道理，从一些人嘴里说出来就能取信于人，让人心悦诚服；而另一些人讲出来，反而会引起不少议论，令人不以为然。究其原因，就在于他们人格力量的不同。为什么严于律己、品德高尚的领导者能够一呼百应？"其身正，不令而行"。明代思想家王阳明曾经说过这样一句话，"心即理也。无私心即是当理，未当理便是私心。"正所谓：人或加讪，心无疵兮。有调查显示，临退休干部出现失落感、孤独感占50%以上，社会地位即将发生改变，生活范围在缩小，会有恐惧感、悲观消极心理。南非前总统纳尔逊·罗利赫拉赫拉·曼德拉（Nelson Rolihlahla Mandela）整整度过了 27 年的铁窗生涯，饱受煎熬虐待。当战胜苦难，赢得自由，并被南非人民推举为总统的时候，他邀请了三名曾虐待过他的看守到场。随即，他把三人逐一介绍给大家，并与他们拥抱。当曼德拉起身恭敬地向这三名看守致敬时，在场所有人乃至整个世界都静了下来。他说："当我走出囚室，迈过通往自由的监狱大门时，我已经清楚，自己若不能把悲痛与怨恨留在身后，那么我仍在狱中。"作为科萨族人的一个部族名，也有不少人亲切地叫他"tata"，即"父亲"。曼德拉这种完美的道德风范赢得了南非乃至世界人民的尊重爱戴，2013 年去世时联合国降半旗向他志哀。一个禅师见一个蝎子掉入水中，决定救它。谁知一碰，蝎子蜇了他手指。禅师无惧，再次出手，岂知又被蝎子狠狠蜇了一下。旁有一人说："它老蜇人，何必救它？"禅师答："蜇人是蝎子的天性，而善是我的天性，我岂能因为它的天性，而放弃了我的天性。"有些领导干部遇到问题，总是想尽一切办法上推下卸、撇开责任，缺少承担责任的勇气，不免让下属产生不屑。领导干部应该给人以真诚、谦虚的形象。乔治·皮凯特（George Pecatur）将军进攻葛底斯堡失败之后，罗伯特·李（Robert. Eduond Lee）将军坦然负起责任，出来认错并接受指责，让人感动。当时，皮凯特将军带领部队朝着联军的防线进发，一开始并没有多少阻力，但是在经过一处墓园的时候，从墓园石墙的后方冲出一批联军，不停地用机枪扫射过来。没多久，皮凯特的 5000 名士兵，已伤亡 4000 多人。后来，其余的士兵在阿米斯特德（Armits teed）将军的带领下冲出重围，并取得了胜利，但这只是昙花一现。最终，罗伯特·李将军失败了，他知道自己不能带领南方继续北上了。他伤心之余，便向南方联盟的总统托马斯·杰斐逊·戴维斯（Tomas Jefferson）引咎辞职，而不是把责任推卸给别人，或者找各种借口（其他部队没有充分合作、骑兵没有及时赶来救援等）。他亲自迎接战败归来的士兵，并向他们致意，"这都是我的错，是我一个人输了这场战斗。"历史上少有拥有这种勇气的将军，能够这么坦然地承认失败。

（四）组织关怀计划

有研究表明，当领导干部出现心理困惑和烦恼时，他们更多地倾向于自我安慰、向朋友倾诉，或者与配偶交流，这些已成为领导干部心理支持的主要来源。同时发现，领导干部因为心理困惑而主动寻求与上级组织谈心的比例很低，仅占 9.6%。这在一定程度上说明，领导干部获得社会支持在组织层面上尚存在心理封闭现象。究其原因，不免有领导干部对组织的信任感以及担心影响自己在上级领导心目中的印象和看法，所以这也会成为以后党的思想政治工作中需要关注的方向。西方国家政府机构广泛使用一种外包服务叫员工援助计划（EAP），从个人和组织层面提供诸如改善家庭与工作关系、有效处理人际关系、降低管理成本、提升员工士气等方面发挥作用。国内的组织关怀计划可以主要聚焦在三个领域：工作、生活和健康。在工作上，加强有针对性的培训，对不同层级的领导干部进行有计划的业务技能和领导胜任力培训；建立任务导向与情感支持相融合的组织氛围，改善领导与下属的交互关系，提升相互的心理支持感；在改革攻坚期，为敢于干事创业的领导干部担当，营造干事创业的心理氛围；强化领导干部主动利用社会支持的意识，在工作超负荷时，主动运用社会支持化解压力。在生活上，有针对性地指导家庭婚姻、休闲娱乐，协调人际关系。而在健康上，指导一些领导干部减肥、戒烟，并充分整合组织内部服务和外部资源，在心理卫生、运动保养、压力管理及健康饮食等方面提供必要指导。通过强化直接上级与同事对领导干部的心理支持作用，关注他们的工作状况和思想状况，解决他们的实际困难。不断强化在干部提拔任用、岗位调整等特殊时期的谈心谈话工作。要把思想政治工作做到春风化丝雨，润物细无声。组织人事部门也可选择合适的时间、场合，创造宽松和谐的环境，与存在心理问题的谈话对象真诚坦率地沟通，帮助其缓解心理压力、提高社会适应能力。

全方位士兵强健计划

2009 年 10 月，美国军方决定进行一项大型的全方位士兵强健计划，超过 100 万名士兵参与了这项计划，希望借此让自己的心灵免受战争的创伤。这项计划的幕后推手就是积极心理学家马丁·塞林格曼（Martin E. P. Seligman）。他认为，心理抵抗力的关键在于乐观；光是开朗、积极、热爱生命的态度不足以创造韧性，不会让自己被打败的信心比其他特质更能让心理变得强韧。在这个韧性强化计划中，每个参与的士兵每年都需要填一份心理健康状况的问卷，来评估他们在整个训练计划之中，心理状况的变化。评估结果显示出心理抵抗力不佳的士兵可以寻求专业协助，或者参加由塞林格曼设计的线上训练，参与者被教导，乐观的人是如何思考的。他们需要学会乐观者的思考方式，来让自己在困境中提高抵抗力。在 15 个月后，美国军方公布，受过训练的部队在韧性水平上明显高于其他部队：

士兵在情绪与社交的健康状况上得到了大幅改善，并且较少产生自我毁灭的想法。士兵们也很欢迎这项计划，半数以上的士兵表示这是军方所提供的最好的一项课程，也能帮助他们克服个人生活方面的诸多问题。

通用电气公司实行了一项名为"朋友制"（Buddy System）的工作制度，对新进入这个单位的新员工进行结对指导。一般人力资源部门会给新录用的员工发来一个邮件，里面有录用通知、个人情况登记表和一封信。这封信中会提及公司人力资源部的这种做法，即介绍一个经验丰富的资深员工作为朋友，以为他在受聘期间及入职第一个月内提供各种支持与帮助。Johnny Chang 是一名新员工，当他收到这封信后很兴奋，因为他从旧金山到纽约，在新的城市人生地不熟，他特别希望多认识几个朋友。Mary Li 是公司指定的他的"朋友"，比较友善，是一个本地通，且他们之间有很多相似的地方，比如都是华裔、都在研发部门，这使得他们的沟通更为容易，也能够很好地帮助Johnny 解决具体问题。当 Johnny 提出小孩上学的问题时，热心的 Mary 就介绍了纽约州首府附近的学校情况，并向他推荐一所学校。上班当天，Johnny 走进办公室，一时不知所措。这时Mary 出现了。他先带着 Johnny 去见主管经理，使他明白自己的工作职务、内容、要求及基本程序，主管经理还向 Johnny 布置了当天的工作。Mary 还带领 Johnny 参观了办公室，领取了必需的办公用品；最后，Johnny 在一张宽敞的办公室桌前坐了下来。午餐时间到了，Mary 就像老朋友一样招呼 Johnny 去吃饭，Mary、Johnny 和其他几位同事有说有笑地向餐厅走去。

自我评定：社会支持评定量表①

指导语：下面的问题用于反映您在社会中所获得的支持，请按各个问题的具体要求，根据您的实际情况写，谢谢您的合作。

1. 您有多少关系密切，可以得到支持和帮助的朋友？（只选一项）

（1）一个也没有 （2）1~2个 （3）3~5个 （4）6个或6个以上

2. 近一年来您：（只选一项）

（1）远离家人，且独居一室

（2）住处经常变动，多数时间和陌生人住在一起

（3）和同学、同事或朋友住在一起

（4）和家人住在一起

3. 您和邻居：（只选一项）

（1）相互之间从不关心，只是点头之交

（2）遇到困难可能稍微关心

（3）有些邻居很关心您

（4）大多数邻居都很关心您

4. 您和同事：（只选一项）

（1）相互之间从不关心，只是点头之交

（2）遇到困难可能稍微关心

（3）有些同事很关心您

---

① 汪向东、王希林、马弘：《心理卫生评定量表手册》，中国心理卫生杂志社，1999年版，第113-114页。

（4）大多数同事都很关心您

5. 从家庭成员得到的支持和照顾（在合适的框内划"√"）

	无	极少	一般	全力支持
A、夫妻（恋人）				
B、父母				
C、儿女				
D、兄弟姐妹				
E、其他成员（如嫂子）				

6. 过去，在您遇到急难情况时，曾经得到的经济支持和解决实际问题的帮助的来源有：

（1）无任何来源

（2）下列来源（可选多项）

A. 配偶；B. 其他家人；C. 亲戚；D. 同事；E. 工作单位；F. 党团工会等官方或半官方组织；G. 宗教、社会团体等非官方组织；H. 其他（请列出）

7. 过去，在您遇到急难情况时，曾经得到的安慰和关心的来源有：

（1）无任何来源

（2）下列来源（可选多项）

A. 配偶；B. 其他家人；C. 亲戚；D. 同事；E. 工作单位；F. 党团工会等官方或半官方组织；G. 宗教、社会团体等非官方组织；H. 其他（请列出）

8. 您遇到烦恼时的倾诉方式：（只选一项）

（1）从不向任何人倾诉

（2）只向关系极为密切的 1～2 个人倾诉

（3）如果朋友主动询问您会说出来

（4）主动倾诉自己的烦恼，以获得支持和理解

9. 您遇到烦恼时的求助方式：（只选一项）

（1）只靠自己，不接受别人帮助

（2）很少请求别人帮助

（3）有时请求别人帮助

（4）有困难时经常向家人、亲友、组织求援

10. 对于团体（如党组织、宗教组织、工会、学生会等）组织活动，您：（只选一项）

（1）从不参加（2）偶尔参加（3）经常参加

（4）主动参加并积极活动

计分方法：第 1～4，8～10 条，选择 1，2，3，4 项分别计 1，2，3，4 分；第 5 条分 A，B，C，D 四项计总分，每项从无到全力支持分别计 1～4 分；第 6、7 条分别如回答"无任何来源"则计 0 分，回答"下列来源"者，有几个来源就计几分。量表分析方法：总分：即十个条目计分之和；客观支持分：2、6、7 条评分之和；主观支持分：1、3、4、5 条评分之和；对支持的利用度：第 8、9、10 条。判断标准：一般认为分数越高，社会支持度越高。我国军官的常模为：40.11±7.55。[①]

第十章

高情商的人际管理策略

　　管理界流行这样一句话：决定成败的关键不是智商，而是情商。说的是高情商对于一个人事业成功的重要性。西楚霸王项羽不可一世，最终败给了大老粗刘邦；袁绍极度自负，还是在官渡之战中败给了一代枭雄曹操。这些都是情商不高，行为过于情绪化，导致败亡的缩影。在现实生活中，我们不可否认智商的重要作用，但是作为从事管理工作的干部来说，高情商能够帮助更好地处理人际关系、提升团队凝聚力和向心力。习近平总书记在杭州二十国集团（G20）峰会欢迎词中，引用了星云大师的一段非常经典的话："以金相交，金耗则忘；以利相交，利尽则散；以势相交，势败则倾；以权相交，权失则弃；以情相交，情断则伤；唯以心相交，方能成其久远。"情商在人际关系中的作用之大，关键是用心、动情。拥有高情商，就可以拥有更和谐的内心，由内及外，推己及人，也必然拥有融洽的人际关系。美国"石油大王"约翰·洛克菲勒（John Davison Rockefeller）在其事业鼎盛时期曾经说过，与人交往的能力，就如同糖和咖啡一样也是可以购买的。如果可以的话，为了得到那种能力，他愿意付出更多的酬劳，因为和世界上其他的东西相比，它所带来的价值是不可预估的。

一、人情练达即文章

　　孔子在《论语·为政》中有这样一句话："吾十有五而志于学，三十而立，四十而不惑，五十而知天命，六十而耳顺，七十而从心所欲，不逾矩。"意思是一个人在 15 岁的时候有志于学问，提升的是智商；30 岁了，要懂礼仪，说话做事都有把握，除了智商之外还要有情商；到了 40 岁，掌握了各种知识、技能、经验，对人情世故都有了体悟，应该不致迷惑；50 岁，得知天命，方能平和地看待得失、对待他人；60 岁，一听别人言语，便可以分别真假，判明是非，这才是真正具有了高情商；到了 70 岁，便随心所欲，任何念头都不会越出规矩。古人的智慧更多地来源于丰富的观察经验和思考，具有跨时代、跨民族的适用性。俗话说，"人老成精"，随着年龄的增长、阅历的增加，人在人情世事上会更加洞察、练达，这时候小风小浪也就很难引起情绪上的波动。研究发现，一般高情商者都具备较强的情绪觉知能力，可以快速了解自己的情绪，并及时进行调控。学会低头，富兰克林是美国开国的元勋之一，在他年轻的时候，有一次经历让他学会了低头。一天，他去一位老前辈的家中做客，仰首挺胸的他正要走进一座低矮的小茅屋时，只听"咣"的一声，他的头撞到了门框上，瞬间额头鼓起了一个大包。老前辈闻声赶来并笑着说："很痛吧？你知道吗？这是你今天来拜访我最大的收获。一个人要想世事洞明，人情练达，就必须时刻记住低头。"某位县级领导在一次公开讲话中，把本来的 55 个乡说成 53 个乡。因为最近又新成立了两个镇。秘书知道他说错了，但当时没有马上提醒纠正。而在一次和该领导讨论县里的机构改革时，他是这样说的："我们县最近几年的机构有一些改变，有时真会弄不清，有时我也会弄混，比如，我们现在有 55 个乡，我有时会记成 53 个，因为原来是 53 个，这很容易让人混淆。"这既是上下级沟通的艺术体现，也是下属高情商的表现。

表 10 - 1　高低情商领导者的特征

高情商	低情商
乐观自信、雄心勃勃、严于律己、言行一致、果断决策、富有远见、懂得取舍、胸怀宽广、推功揽过、关心下属、乐于奉献、创新制胜、人格魅力	迷信权力、无节制、反复无常、不忠诚、形式主义、侏儒心态、消极悲观、言行不一、刚愎自用、打击报复、任人唯亲、待人刻薄、缺乏亲和力

二、高情商与人际关系处理

（一）控制情绪

现代心理学认为，情绪不是与生俱来的，而是经过人与人之间交流过程中一步一步建构而成的。情绪是非理性的，但在交往中控制情绪就是理性行为了。美国前总统布什说过："你能调动情绪，就能调动一切！"2010 年，《细胞》杂志刊登了一个外国实验室的发现。实验室人员把一群小鼠放在一个"丰富的生存环境"，即笼子里放有各种小鼠喜爱的玩具，每只笼子中的小鼠数多于 8 只，保证它们尽情地互动，生活在这种状态下的小鼠被称为"快乐小鼠"。将"快乐小鼠"跟对照组小鼠比较，研究人员发现，"快乐小鼠"的肿瘤变小了，证明良性的精神刺激对肿瘤竟有抑制作用。科研人员提示了一条"神奇通路"：大脑皮层良性刺激—海马区（"快乐小鼠"有"脑来源神经营养因子"高表达）—自主神经（主要是交感神经）—脂肪组织（脂肪因子）—抑瘤。实验涉及黑色素瘤、胰腺癌、结肠息肉病等。研究人员在实验鼠的饲养过程中也营造了"丰富的生存环境"，在饲养笼子里摆放了迷宫、玩具、房子、滑轮。在红外线拍摄下，研究人员看到，小鼠不仅白天玩耍，在夜间也玩耍频繁，表现活跃；而对照组小鼠则显得平静甚至有些呆滞。比较两组小鼠发现，"快乐小鼠"的肿瘤重量比对照组的都要低，有的肿瘤不仅变小，还消失了。实验涉及的黑色素瘤、胰腺癌、肺癌都有类似情况。其中，黑色素瘤抑瘤率43.1%，Panc02胰腺癌的抑瘤率为58.2%，Lewis肺癌的抑瘤率为36.5%。研究人员还在"快乐小鼠"的下丘脑发现了"脑来源神经营养因子"的高表达。

　　情绪稳定是交往的前提。每个人都不希望与喜怒无常的人打交道。坏的情绪害人害己。在非洲草原上，有一种不起眼的动物叫吸血蝙蝠。它身体极小，却是野马的天敌。这种蝙蝠靠吸动物的血生存，它在攻击野马时，常附在马腿上，用锋利的牙齿极敏捷地刺破野马的腿，然后用尖尖的嘴吸血。野马受到这种外来的挑战和攻击后，马上开始蹦跳、狂奔，但却总是无法驱逐这种蝙蝠。蝙蝠却可以从容地吸附在野马身上或落在野马头上，直到吸饱吸足，才满意地飞去。而野马常常在暴怒、狂奔、流血中无可奈何地死去。动物学家在分析这一问题时，一致认为吸血蝙蝠所吸的血量是微不足道的，远不会让野马死去，野马的死亡多是它自己的狂怒所致。对野马来说，蝙蝠吸血只是一种外界的挑战，是一种外因，而野马对这一外因的剧烈情绪反应，才是导致死亡的真正原因。据《大公报》报道，美国生理学家艾尔马（Elma）收集了人们在不同情况下的"气水"，即分别把悲痛、悔恨、生气和心平气和时呼出的气注入水中做对比实验，结果又一次证实，负性情绪对人体危害极大。心平气和时呼出的气被放入有关化验水中沉淀后无色、清澈透明，悲痛时呼出的气沉淀后呈白色，悔恨时呼出的气沉淀后则为蛋白色，而生气时呼出的气沉淀后为紫色。把人暴怒时产生的"气水"注射在小白鼠身上，这些小白鼠的初期反应是表现呆滞、胃口尽失，数天后，它们默默地死去。由此，爱尔马分析：人的愤怒会耗费人体大量精力，其程度不亚于参加一次千米赛跑；愤怒时的生理反应十分剧烈，分泌物比任何情绪的都复杂，且更具有毒性。职场上的欺负行为、语言暴力等多由不良情绪引发，坏情绪导致消极行为。因此，先处理心情再处理事情，并与自己和解、换位思考，才能赢得他人的认同和尊重。

（二）积极地平衡人际权力

关于权力，很多人觉得它是一个人的特性之一。比如，一个领导者拥有权力时，他能办成事、会笼络人心、能记住人的名字和相貌、能理解复杂的经济问题。而在人际关系中，权力的关系理论认为权力是社会关系的一个属性，存在于个人与所处环境的关系之间。美国学者理查德·埃默森（Richard Emerson）认为，个人拥有的权力是和此人与他人的关系紧紧相连的。比如，A、B 两人，A 能够对 B 施行的权力取决于 B 为了达成目标需要在多大程度上依赖 A，反之亦然。英国社会学家肯尼斯·E. 博尔丁（Kenneth E. Boulding）在《权力的三张面孔》（Three Faces of Power）中说道，对他人施行权力是一件非常复杂的事。他人既可以顺从也可以反抗，还可以反过来对实行权力者施压，就像树一样。如果一个人仅仅因为不服输而与某个人争吵，那么他是在阻碍别人行使权力，只有使用共享型权力，才能与别人积极交流，增强双方的权力。因此，分享权力并不是软弱的权宜之计，而是充满了力量，提升人际影响力的最佳选择。有这样一个故事：克雷格是社区代理机构的主管，玛丽莲是兼职员工。克雷格威胁玛丽莲参加一个社区志愿者计划，但是玛丽莲既不喜欢这份工作，又没有时间参加相关培训。眼看最后期限快要到了，而玛丽莲仍然拒绝参与这个项目。克雷格注意到玛丽莲回避参与此项目，于是在公开会议上指出她未完成工作以羞辱她，迫使她为项目卖力。玛丽莲表面上同意了，但同时向朋友诉说自己受到的待遇多么差。两个月来，克雷格一直不满意玛丽莲的工作，而玛丽莲也在其他地方找工作，最后她辞职了。在这个故事里，可以说克雷格没有达成开展社区计划的目标，玛丽莲也辞职了，他们中没有人赢。如果人际权力不平衡，所建立的协议就存在威胁另一方利益的可能，而不是双方共同遵守的原则基础上的。因此，根据卡梅隆（Cameron）和维顿（Whetton）的观点，缺乏权力（权力过小）和过多权力（权力过大）都会导致交流不顺，只有权力合适的时候，人际交往才能更加高效、顺畅。在现实生活中，如果发现与朋友、同事、家庭成员或恋人存在彼此关系不平衡的问题，需要多注重相互依赖，即权力—依赖关系。例如，随着A越来越依赖B，B的权力就增大了。同样，B非常依赖A的话，A的权力也增加了。此外，权力大的人要有意识地给权力小的人让权，给他们提供更多的决策权和自由，这样就能够消解可能的误会，增进彼此的交流互动，权力大的人也能因此扩大自己拥有的资源。再者，进行元交流，即各方就彼此的交流展开讨论，如果交流失败，人们便同意请人调停或请顾问。当人们认同权力极度不平衡时，无论权力大的一方还是权力小的一方都需共同努力积极改变这种状况，以达成和谐相处的目标。

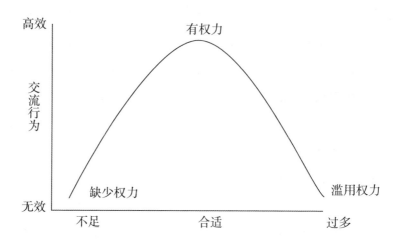

图 10 – 1　人际关系权力与交流行为的关系①

（三）掌握群众话语体系

中宣部、中央广电总台联合创作的特别节目《平"语"近人——习近平总书记用典》，描述了习近平总书记在重要讲话、文章、谈话中所引用的古代典籍和经典名句，让群众深深感受到内容的生动、语言的平实和话语的力量。事实上，干部在百姓群众面前就应该说大白话，只有掌握民间流行、通俗易懂的话语，才能与群众拉家常、说心里话，才能拉近干部与群众的关系。放下官员的架子，改变说话的语气，既不失官员的面

---

① ［美］威廉·W·威尔莫特、乔伊斯·L·霍克：《人际冲突——构成和解决》（第 7 版），曾敏昊、刘宇耘译，上海社会科学院出版社 2011 年版，第 126 页。

子，也让群众乐意接受，肯定比一套官话下来的效果要好很多。中国前驻法大使吴建民曾在《人民日报》上发文，批评一些中国官员不懂得如何与外国人交流，把大量时间浪费在充满套话、废话和空话的无效交流上，导致官员交流力偏弱甚至缺失。领导者要善于运用群众语言，首先不能有那种居高临下、咄咄逼人的气势，让他人产生不适应和逆反心理。在信息纷飞的时代，人们接收的信息多种多样，男女老中青幼，文化程度不一，受众是谁必须弄清楚。既不能说书话，也不能打官腔，要用群众语言，在群众的立场上把问题说得平实一些。沃尔斯特（Vorst）等人于1996年曾经做过一个关于"增加低信誉传达者的说服性"的实验研究。在这个实验中，研究者把被试分为A、B、C、D四组，其中让A、B两组的被试听到"加强法制与扩大警察和法庭权力，以严管罪犯"的呼吁，而让C、D两组的被试听到"反对法庭和警察权力过大，以保护被告权利"的呼吁。随后告知A、C组的被试呼吁来自检察官的建议，而告知B、D组被试呼吁来自被判刑的贩毒分子的申求。结果发现：被试接受意见并改变自己观点最多的是B组（从严——来源于罪犯）、C组（从宽——来源于检察官）。这充分表明了检察官提出的从宽主张和罪犯提出的从严主张，由于与其自身地位、利益相悖，所以被认为更加公正与可靠。

三、高情商人际训练

情商低，人际关系差，没有朋友。在人际关系中，高情商的人似乎更有资格获得令人满意的人际关系，尤其是亲密关系。在大学里的演讲中，学生们最感兴趣的问题之一就是情商在爱情中的体现。在哈佛大学，有一位女学生曾经向苏彼得教授发问："两个情商都很高的人相处会很融洽吗？"苏彼得笑着赞扬这是个好问题。他在现场做了一项测试：男女朋友之间，彼此情商有很大差距的关系更稳定，还是情商彼此接近的关系更稳定？答案是，情商差距大，关系才稳固。苏彼得解释说，这样两个人可以互补，而高情商者是关系中的带领者。哈佛大学的一位著名教授曾经说过，如果说跟我们所应该成为的人相比，那我们实际上只觉醒了一半而已。我们也只是挖掘了身心的一小部分资源和能力。与人类所具有的极限相比，我们只是运用了其中的一小部分，还有很多其他的技能有待我们去进一步地挖掘和发现。

（一）思维导图

拥有积极自我概念的人，在待人处事上往往游刃有余。在英国心理学家东尼·博赞（Tony. Buzan）所著的《思维导图》一书中详细描述了组织自己的思想、组织别人的思想、集体思维等内容，并指导人们通过自我剖析来解决个人和人际关系方面的问题。关于个人问题的解决，比如假设一个人的问题是过度害羞，他就可以由一幅中心图开始（如把脸埋在两手里的样子），然后进入思维导图速射，进行重构和修改（如：感到害羞的情形、构成害羞的情感、所体验的身体反应以及语言和身体动作、害羞的背景及可能的根本原因），最终把所有因为害羞而产生的思想和情感都释放出来。在全面定义问题、分析和深思之后，对照第二幅思维导图仔细查看问题的各个方面，把解决问题的具体行动和办法想出来，并予以实施，最终达到解决问题的目的。对于人与人之间关系的处理，思维导图往往可以帮助人们打开交流的天窗，通过发散性和无所不包的思维形式，把自己体会到的问题与他人在交流时表现出来的问题外化出来，使参与各方的问题放在一个更为宽广和积极的环境下加以考虑。首先，准备一个较为宜人的环境，安排好活动和休息的时间，然后，参与的每一个人都制作三幅大型的、分开的思维导图（包括不喜欢的方面、喜欢的方面和解决方案），最后，参与者进行正式讨论，轮流表达自己的观点（先说消极思维导图，再说积极思维导图，最后表述解决办法），并站在自己的角度把全部真话讲出来，而且只讲真话。这种先消极后积极，把大家的精力引导到一个小型集体之中，再交换解决问题的办法，容易把各方意见中一致的部分找出来，并确定一个行动方案。

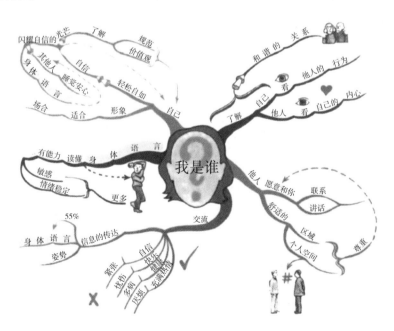

图 10 - 2　思维导图

（二）T 小组训练

人际关系培训（Interpersonal Relationship Training），英文简称为 IRT。在人际关系培训中分组的小组称为 T 小组。日本学者是本哲雄在《人际关系心理学》一书中对此有专门论述。他认为，在 4～5 天的集体生活中，基本上没有见过面的人们，通过参加设定的小组聚在一起，相互认识，同时根据他人反馈更深入了解自己，并且对"怎样让松散游离的人群变成真正的群组""如何才能实现自我观念的转变"等问题进行体验式学习，能够影响对自己、他人以及关系的认识，进而引发行为的改变。成员中有自愿来参加的，也有被公司派来的，对年龄、性别、职业均没有限制。每次参加总人数为 20～50 人，把他们分成 10 人的小组，且注意使得每个小组在成员构成（年龄、性别、职业）上有较大差异。也就是说，在 10 人（含 1～2 名培训辅导员）的小组集体生活里，所有发生的事件或者意外全部都是体验学习的素材。在 4～5 天的集体生活里，培训次数为 15～20 次，每次 1～2 小时。在首次新人见面会上，所有人会收到一张卡片，上面印着"T 组是培训小组的简称。在这里，每个成员的行为完全自由。这个小组是为训练人们认识他人、认识自己而设置的，小组里所有的事情都是学习的素材。培训辅导员的职责是帮助成员的学习和团队的成长。"主持人将卡片上的内容缓慢朗读一遍，不做解释。然后，各 T 小组的培训分别在各个房间同时开始，培训辅导员只说一句"那么，让我们开始吧"，或者什么也不说，只是坐在那里。在小组里，成员们想说什么内容，想怎样度过是成员们的自由，前提是不允许任意离开小组。起初，培训辅导员没有任何行为，成员们自己需要破冰，开始试着交谈。随着成员们交往的深入，就会发生诸如一些管理者、经营者虽然认同"必须认真倾听别人的谈话"，但是他们时常不经意打断别人，或者始终听不进去别人的意见的现象。随着时间的推移，培训辅导员不时通过一些简短而尖锐的话，让大家明白该怎么做，以掌控交流的方向和质量。

（三）正念训练

近年来，心理学领域中出现了一个新的概念"正念"（Mindfulness）。正念源于佛学，1979 年被"正念减压之父"乔·卡巴金（Jon Kabat - Zinn）以"美国式的语言"从佛学角度的语境中引入心理学的领域后，由于其显著的疗效性、广泛的适用性，受到人们的普遍欢迎。正念不仅能够治疗、减轻甚至消除身体及其心理上的症状，还能给个体带来愉悦的感受和正面积极的心理品质。目前比较主要的疗法有三种：正念认知疗法，正念减压疗法和辨证行为疗法。这些疗法的核心都通过正念训练，以"注意当下"作为思想核心与基本技术，主张以一种接受性、开放性和顺其自然的态度去接受当前当下的情绪与想法。人们可以通过训练正念，舒缓过度自我膨胀所造成的情绪压力、紧绷的人际互动。在现实生活中，一个人明明觉得自己很不错，为什么还会耿耿于怀相左的意见或是眼前不如意的状况？这更多源于社会环境对于"自尊"的培育。但是，广泛地倡导提高自尊，对于增进自我表现并没有多少帮助。当人们过于着重自我、执着于自我时，对于别人的信任程度也大幅下降。你质疑我、我也不相信你，社交关系将变得紧绷脆弱，如果不和，许多问题也就接踵而来。正念能够让人在自我膨胀与自卑之间找到平衡，达到情绪居中和谐，唤回内心的平和。

下面，可以邀请一个与你比较亲密的人，与你一起做这个正念练习：

两人面对面坐着，先做几分钟呼吸练习，直到与身体有所联结。然后把注意力放在对方的呼吸和自己的呼吸上，感受对方的呼吸，让自己和他同呼吸。然后把目光投向对方眼睛，看着他，但不做刻意的眼神交流，而是把注意力放在对自己的觉察，觉察当你看着他时你的感受、想法……

如果你觉得不自在了，可以重新把眼光移向他的腹部，感受他的呼吸，等你觉得合适的时候，再看向对方的眼睛。我们可以想象，这个人和我们一样，一路走开，经历过很多事情，想象他有一天也会老去，经历生老病死。觉察你的感受。

当你觉得无法承受的时候就把注意力转向呼吸。这整个练习一般需要20分钟。

我们可以想象，每一次吸气，我们吸入自己与他人的痛苦，而每一次呼气，我们呼出对自己与他人的祝福。正念的方法倾听他人。在倾听他人的时候，对自己的身体感受保持觉察，也可以去感受对方的感觉（不仅仅是语言），这在一开始会比较难，但随着日常的固定练习和非正式练习，我们感受他人情绪的能力也会增强。

（四）敏感性培训

随着全球范围内交流越来越频繁，速度越来越快，与陌生人（指来自不同文化的人）交流也逐渐成为生活的常态。美国行为学家利兰·布雷福德（Dr. Leland. Bradford），首创了研究人们相互关系的实验室。在这里进行的敏感性实验，其实质就是通过增加人际意识的"内心深处的"相互作用以达到行为的改变。以一种体验式学习为基础，指导个体从缺乏信任、封闭、畏惧人际关系转变为对他人更具开放性和善于自我表达，提高人际沟通能力。首先进行小组成员（一般 10～15 人）间的相互认识与了解，然后以两人为小组进行活动或 3～5 人为小组进行交谈（非定型的自由交谈），之后每个参与人说明自我状态，指导人员根据观察来进行个性化沟通分析，最后再针对个别人的具体问题进行心理咨询和治疗。此外，还有一种专门针对跨文化的敏感性培训，主要是基于文化差异的沟通和社会适应。一次美国前总统布什访问澳大利亚，一切都很圆满，可是他在向澳大利亚的欢送者告别时，竖起了大拇指。这是一个不大不小的问题，却引起了澳大利亚人的反感。因为对美国人而言，竖起大拇指是表示友好、赞誉的意思，而澳大利亚人却认为是猥琐的动作。这就是文化差异引起的交流问题。哈佛大学心理学教授戴维·麦克利兰（David. McClelland）曾经对美国外交官的选拔结果失败进行原因分析，他认为单从智力的角度无法预测和评价一个人的工作绩效，对于外交官的胜任能力首先是文化的敏感性，这种能力能够让这些外交官更好地融入当地社会，进行很好的沟通交流。深入了解不同的文化，才能准确理解该文化背景下人们的言行，并明确自身文化背景可能带来的思维定式。比如，一名驻非某国外交官收到华盛顿方面的指示安排，要求在该国放映一部美国政界人物的影片，但这名政客被认为对这个国家存有敌意。如果公开放映，大使馆可能会受到左翼分子的攻击，后果不堪设想。如何既能向华盛顿交差，又不冒犯当地人民？这位外交官选择在这个国家的一个祭日放映这部电影（这一天，当地人不会参加任何娱乐活动），以此巧妙地避免了一场政治风波。在文化敏感性培训中，要使一个人更好地洞悉自己的行为，更好地理解具体的活动过程，并不断培养他判断问题和解决问题的技能。具体措施为把不同文化背景的人或在不同文化地区工作的经理和职员结合在一起进行多种文化培训，提高每个人对不同文化环境的适应性，加强拥有不同文化背景的人们之间的合作意识和联系。

自我评定：了解你的情绪状态

［PANAS – X（积极和消极情感）量表］

指导语：下面呈现了一些用来描述感觉和情绪的词或者短语，请你仔细阅读它们，并根据自己最近几周所感受到的程度，在其旁边适合的记号处打上"√"。其中，1 表示非常轻微或基本没有；2 表示有一点；3 表示中等程度；4 表示相当多；5 表示非常多。

词	1	2	3	4	5	词	1	2	3	4	5
欢乐的						不友善					
伤心的						受到惊吓					
活跃的						轻蔑的					
对自己生气						孤独的					
遭人讨厌的						自豪的					
平静的						惊讶的					
内疚的						放松的					
热情的						警觉的					
注意的						战战兢兢的					
害怕的						有兴趣的					

（续表）

词	1	2	3	4	5	词	1	2	3	4	5
有乐趣的						易怒的					
消沉的						苦恼的					
害羞的						活泼的					
疲劳的						厌恶					
焦虑的						喜悦的					
懦弱的						愤怒的					
无精打采的						感到羞愧					
吃惊的						自信					
寂寞的						有灵感的					
痛苦的						冒失的					
大胆的						自在的					
虚弱的						精力充沛的					
昏昏欲睡的						勇敢的					
应受谴责的						忧郁的					
感到惊讶						恐惧的					
快乐的						集中注意力的					
兴奋的						厌恶自己					
坚决的						胆怯的					
坚强的						昏昏欲睡					
胆小的						不满自己					

　　说明：PANAS－X 的题目构成为 1. 一般特征量表：负性情绪（10 个）：害怕的、恐惧的、焦虑的、战战兢兢的、易怒的、不友善、内疚的、感到羞愧、苦恼的、痛苦的；正性情绪（10 个）：活跃的、警觉的、注意的、坚决的、热情的、兴奋的、有灵感的、有兴趣的、自豪的、坚强的；2. 基本负性情绪量表：害怕（6 个）：害怕的、恐惧的、受到惊吓、焦虑的、战战兢兢的、

虚弱的；敌意（6个）：愤怒的、不友善、易怒的、轻蔑的、厌恶自己、厌恶；内疚（6个）：内疚的、感到羞愧、应受谴责的、对自己生气、厌恶自己、不满自己；悲哀（5个）：伤心的、忧郁的、消沉的、孤独的、寂寞的；3. 基本正性情绪量表：愉快（8个）：快乐的、有乐趣的、喜悦的、欢乐的、兴奋的、热情的、活泼的、精力充沛的；自信（6个）：自豪的、坚强的、自信、冒失的、大胆的、勇敢的；关心（4个）：警觉的、注意的、集中注意力的、坚决的；4. 其他情绪状态：胆怯（4个）：胆怯的、害羞的、懦弱的、胆小的；疲劳（4个）：昏昏欲睡的、疲劳的、无精打采的、昏昏欲睡的；安静（3个）：平静的、放松的、自在的；惊奇（3个）：吃惊的、感到惊讶、惊讶的。

　　将题目空格处的分数加起来即为原始总分。常模如下：

时间	正性情绪平均分	标准差	负性情绪平均分	标准差
今天	30.1	8.2	17.6	7.0
这一个月	34.5	7.2	20.2	7.3

附　件

附件 1：中共中央关于加强党同人民群众联系的决定

（1990 年 3 月 12 日，十三届六中全会通过）

（一）人民群众是我们党的力量源泉和胜利之本。能否始终保持和发展同人民群众的血肉联系，直接关系到党和国家的盛衰兴亡。

中国共产党是马克思列宁主义、毛泽东思想武装起来的全心全意为人民服务的工人阶级先锋队。我们党的性质、宗旨和指导思想，决定了党必须把为人民谋利益作为自己全部活动的出发点和归宿。党在长期斗争中创造和发展起来的一切为了群众，一切依靠群众，从群众中来到群众中去的群众路线，是实现党的思想路线、政治路线、组织路线的根本工作路线，是中国共产党的优良传统和政治优势。历史经验反复证明，什么时候党的群众路线执行得好，党群关系密切，我们的事业就顺利发展；什么时候党的群众路线执行得不好，党群关系受到损害，我们的事业就遭受挫折。我们党执政以后，有了更多更好的为人民服务的条件。由于地位的变化，现在又实行改革开放，发展商品经济，如果不能正确地运用权力，如果不能自觉抵制资产阶级和其他剥削阶级腐朽思想的侵蚀，就会滋长脱离群众的危险。全党同志必须时刻警惕这种危险，经受住执政和改革开放的考验，努力保持和发展党同群众的密切联系。

现在，我们党和国家正处在一个历史发展的关键时期。我们要更好地贯彻执行党的基本路线，推进社会主义现代化建设，深化经济、政治体制改革，扩大对外开放，实现到本世纪末国民生产总值再翻一番的战略目标，巩固和完善社会主义制度，挫败国内外反共反社会主义势力的和平演变活动，任务十分繁重艰巨。党只有支持和领导人民群众当家做主，行使管理国家事务和社会事务的权利，充分发挥历史主动精神，才能胜利完成这些任务。我们党同群众的关系、干部同群众的关系总的说是好的。但是，这些年来在一些党员干部中也滋长了官僚主义、主观主义、形式主义、个人主义和以权谋私等腐败现象，有的发展到相当严重的地步。我们必须坚决克服各种脱离群众的弊病，大力加强党风建设，进一步密切党同群众的联系，增强党的凝聚力和战斗力，团结一切可以团结的力量共同奋斗，这对于实现党所肩负的历史任务，具有重大而深远的意义。

（二）我们党要密切同人民群众的联系，领导人民群众胜利前进，首要的问题是必须保证决策和决策的执行符合人民的利益。

十一届三中全会以来，我们党制定并执行了一条建设有中国特色的社会主义的路线和一系列重大方针政策，国家实力大为增强，人民生活明显改善，广大群众基本上是满意的。但在具体工作指导和某些具体政策措施上，也有缺点和失误。积多年正反两方面的经验，要保证决策正确，执行有效，必须坚持从群众中来到群众中去，建立和健全民主的、科学的决策和执行程序。

（1）制定政策措施，拟制工作计划，决定重大事项，务必以马克思主义为指导，走群众路线，充分调查研究，广泛听取各方面意见，反复比较、鉴别和论证。有的重大决策在实施前还需要经过试点。

（2）党委在决策过程中要严格执行民主集中制原则，充分发扬民主，认真倾听不同意见，在民主讨论的基础上实行正确的集中。重大问题的决定，要实行表决。个人有不同意见，允许保留，但必须服从和执行集体的决定。

（3）决策作出之后，领导机关和领导干部要结合实际情况带头贯彻执行，绝不能政出多门，各行其是。有关国家事务的重大决策，要经过人大和政府通过法律程序变成国家意志，党组织和党员都要严格依法办事。在决策执行中，要紧紧依靠群众，并不断接受实践的检验，及时总结经验，补充完善，纠正偏差，防止酿成大错误。遇有重大问题，应提出处理意见，及时向上报告。

要重视和加强决策研究、决策咨询机构的工作，发挥它们的参谋作用。

（三）各级领导干部必须经常深入基层，深入群众，扎扎实实工作，把党的路线、方针、政策落到实处。

正确的认识只能来源于群众的实践，正确的决策只有变成群众的自觉行动才能实现。现在，有的领导干部高高在上，满足于发号施令，工作飘浮，不务实事；有的对党的决定敷衍应付，做表面文章；有的弄虚作假，报喜不报忧，听喜不听忧；有的精神不振，无所用心，不去了解基层情况，不关心群众的疾苦。这些不良作风，严重脱离群众，贻误党的事业，必须痛下决心加以改变。

（1）领导要坚持一般号召与个别指导结合、点面结合的工作方法。每年要拿出一定的时间，蹲点调查，解剖"麻雀"，从群众中汲取智慧和营养，推动面上的工作。要及时发现先进人物和先进典型，总结群众在现代化建设和改革开放中创造的新鲜经验，教育、鼓舞、引导群众前进。

（2）县以上机关要根据各自的工作特点和实际需要，组织在职干部采取专题调查、解决突出问题、挂职锻炼等多种形式轮流下基层，并制订计划，形成制度，长期坚持。领导干部每年下基层的时间，由各地区、各部门根据实际情况确定，要特别注意到艰苦的地方、困难的地方和问题多的地方去。大中型企业领导干部，要经常下车间、班组和职工宿舍了解情况，听取生产第一线职工群众的意见，采纳他们的合理化建议。

（3）干部下基层，务必讲求实效，切忌形式主义。要真正和群众打成一片，以平等态度对待群众，甘当小学生，不许妄自尊大；深入了解真实情况，如实向上反映，不许弄虚作假；遇事同当地干部群众商量，多办实事，关心群众疾苦；宣传党的政策，做思想政治工作；适当参加生产劳动；不许用公款吃喝，不许收受礼物，不许增加基层和群众的负担。党组织要教育下基层的干部自觉遵守这些规定，并进行检查监督，对做得好的要表扬，对违反的要批评，情节严重的要严肃处理。

（4）对严重脱离群众，给工作造成重大损失，引起群众强烈不满的领导干部，要就地免职或给予纪律处分。

（四）从中央到地方，各级党委都要在深化政治体制改革中，推进社会主义民主和法律建设，积极疏通和拓宽党同人民群众联系的渠道。

（1）人民代表大会制度是我国的根本政治制度。党要加强在人民代表大会中的工作，进一步发挥人大作为权力机关的作用，加强人大及其常委会的立法和监督职能。人大中的党组织和人大代表中的党员，要密切联系非党代表和广大群众，经常了解他们的意见和要求。

（2）加强共产党领导的多党合作和政治协商制度的建设，密切同各民主党派和各族各界人士的联系，坚持重大问题同他们协商，切实保障民主党派成员和无党派人士参政议政和进行民主监督的权利。

（3）充分发挥工会、共青团、妇联和其他群众团体在加强党同群众联系中的桥梁、纽带作用，经常听取它们的情况反映和建议。

（4）努力开辟和创造联系群众的新渠道、新形式，以利更加广泛、深入、及时地听取群众的意见、要求和批评。

（5）鼓励群众反映真实情况。对正确的意见要虚心接受和采纳，能解决的问题要及时解决，对不同的意见要认真考虑，做不到的要据实说明，对不正确的意见也要作出解释并加以引导。不允许对群众的意见采取听而不闻、视而不见、文过饰非、敷衍塞责等错误态度，更不允许压制批评、打击报复。

（6）领导干部要在工人、农民、知识分子和其他群众中结交一些敢于反映真实情况的朋友。通过他们，可以听到群众的心里话，听到基层干部的呼声，发现处于萌芽状态的问题。

（五）坚定不移地加强廉政建设，继续发扬艰苦奋斗精神，克服党内存在的消极腐败现象。这是改善党群关系，保证我们事业立于不败之地的战略措施。

我们党的大多数干部是廉洁奉公、勤政为民的。在反对腐败问题上，党同人民群众是站在一起的。我们在这方面已经做了不少工作。取得了成效，但问题还不少，有的还很严重，不能丝毫懈怠。在改革开放、发展商品经济的条件下，共产党员更加需要自觉保持清正廉洁，坚决反对腐败行为。如果听任腐败现象蔓延，党就有走向自我毁灭的危险。

今明两年，一定要在以下几个方面切实抓出成效：

（1）继续认真落实党中央、国务院《关于近期做几件群众关心的事的决定》和各地区、各部门作出的有关规定，已经做到的要坚持下去，没有做到的要抓紧做到，再犯的要加重处理。

（2）各级党委要支持纪检机关、监察部门经常检查党员干部和党员遵纪守法的情况，严肃处理利用职权敲诈勒索、索贿受贿、贪污盗窃、私分公款公物，以及党政机关党员干部违法违纪建私房等问题。查明事实后，要区分不同情况，给予经济处罚，纪律处分，触犯刑律的要交由司法部门依法惩处。所有从事纪检、监察、公安、审判、检察等工作的共产党员，必须秉公执纪执法，严禁徇私枉法。

（3）继续抓紧查处大案要案。群众反映强烈的案件，应公布处理结果。任何人都不得利用职权干扰查处工作。

（4）各级经济管理部门、监督部门、公用事业部门和政法部门的党组织，要同行政领导一起，大力加强行业廉政建设和职业道德教育。要采用领导与群众相结合的办法，坚决刹住行业不正之风，认真解决乱收费、乱摊派、乱罚款问题。要支持行政机关和公用事业部门在直接同群众利益相关的问题上，继续推行公开办事章程、公开办事结果、加强群众监督的制度。同时建立健全内部制约机制，堵塞漏洞。

（5）提拔和任用干部，必须严格按党的原则和规定程序办理，广泛听取群众意见。违反中央规定，任人唯亲，结帮营私，搞不正之风的，要坚决查处，并追究有关领导的责任。要抓紧建立领导干部交流制度和回避制度，并严格执行。

加强廉政建设，从中央到地方，各级领导干部都要严于律己，一级带一级，一级抓一级。各省、自治区、直辖市党委和中央各部委、中央国家机关各部委党组，要对本地区、本部门党内存在的腐败现象，在充分调查了解的基础上，作出如实的估计和分析，提出解决的步骤、办法和措施。各地区、各部门今年底要将克服腐败现象的进展情况向中央作一次专门报告。党的各级纪律检查委员会、各级党委组织部要会同国家各级监察部门，具体负责督促检查。

（六）对各级领导机关和领导干部必须加强监督。要建立和完善党内监督与党外监督，自上而下的监督与自下而上的监督的制度。

各级党组织和党的所有干部都要接受监督。领导层次和领导职位越高的越要自觉接受监督，绝不允许有特殊党员。

（1）建议全国人大常委会拟定实行工作监督和法律监督的监督法，国务院制定行政监督法规。中央纪律检查委员会要会同中央组织部拟定党内监督条例。

（2）各级党组织要十分重视群众来信来访。对于群众反映的情况，要认真研究分析，区别情况，正确处理。需要查处的，应提交或责成有关机关查证核实处理。凡涉及领导干部的重要案件，要按照干部管理权限和有关规定，由相应机关负责查办，严禁压置不理、层层照转、互相推诿，不了了之。

（3）县以上党员领导干部，要自觉执行过双重组织生活的规定。领导干部在民主生活会上，要坚持原则，认真开展批评与自我批评，互相帮助，互相监督。要坚持和完善民主评议领导干部的制度。

（4）充分发挥舆论监督的作用。对于违背党的路线、方针、政策和违反国家法律的行为，对于严重侵犯群众利益的现象，党委要支持舆论机关按照有关规定予以揭露和批评。党报要及时准确地反映群众的意见和要求，正确引导社会舆论。

（5）中央和各省、自治区、直辖市党委，可根据需要向各地、各部门派出巡视工作小组，授以必要的权力，对有关问题进行督促检查，直接向中央和省、区、市党委报告情况。这项工作，可吸收有经验、有威望的老同志参加。

（七）党的基层组织和广大党员，都要联系群众，宣传群众，组织群众，充分发挥战斗堡垒作用和先锋模范作用。

党的路线、方针、政策最终要通过基层党组织和党员在群众中的工作贯彻落实。所有基层党组织和党员，都要带头执行党的路线、方针、政策和国家的法律。无论做什么事，都要向群众进行正确的宣传解释，使群众真正理解它的意义、做法以及同自己利益的关系，齐心协力去办。要关心群众的生活和进步，做好群众的思想政治工作。共产党员要吃苦在前，享受在后。遇到损害群众利益的现象要挺身而出，坚决斗争。当个人和小团体的利益同国家和人民利益发生矛盾时，要自觉服从国家和人民的利益。

企业党组织要同行政领导一起，把全心全意依靠工人阶级的方针落到实处，尊重职工的主人翁地位，维护职工的民主权利，支持职代会依法行使各项职权，充分发挥职代会参与企业决策、管理和监督干部的作用，充分发挥职工在发展生产、加强管理和合理分配中的作用。农村党组织要积极带领群众勤劳致富、共同致富，坚持和完善联产承包责任制，发展服务体系，壮大集体经济，建设社会主义新农村。学校党组织要依靠和团结广大教职员工，认真贯彻执行党的教育方针，坚持把德育放在首位，努力培养有理想、有道德、有文化、有纪律的新人。各地基层党组织联系群众的好经验、好形式，要总结推广，不断完善，并针对现实生活提出的新课题，创造新的经验。

党的基层组织担负着繁重的任务，大多数是有战斗力的。十年来建设和改革的巨大成绩，是与基层党组织的辛勤工作分不开的。领导机关要面向基层，为基层着想，为基层服务。目前，农村、工厂、商店、街道、学校都有一些基层党组织软弱涣散，有的瘫痪半瘫痪，不能发挥应有作用，上级党组织要摸清情况，找准原因，采取有力措施，抓紧进行整顿，帮助改变面貌。

（八）在党内普遍深入地进行马克思主义群众观点和党的群众路线的再教育。

群众观点是马克思主义的基本观点。共产党员如何对待群众，是一个根本的立场问题，世界观问题，党性问题。要通过教育，使广大党员特别是各级领导干部懂得，历史活动是群众的事业，生机勃勃的创造性的社会主义是由人民群众自己创立的。要牢固树立人民群众是历史创造者的观点，向人民群众学习的观点，全心全意为人民服务的观点，干部的权力是人民赋予的观点，对党负责与对人民负责相一致的观点，党要依靠群众又要教育和引导群众前进的观点。这些重要观点，近几年来，有的被搞乱了，有的在一些党员干部中淡漠了。用这些观点武装全党同志，划清历史唯物主义和历史唯心主义的界限，是贯彻本决定各项内容，完成党的各项任务的思想保证。

各级党委要把进行马克思主义群众观点和党的群众路线的教育，同坚持四项基本原则、反对资产阶级自由化的教育结合起来，列入党员教育、干部培训和理论学习的规划。各级党校、干校要把这项教育作为重要课程列入教学计划。县以上领导干部要联系自己的思想和工作，有针对性地选学马列主义、毛泽东思想的有关内容和邓小平等同志的有关著作，学习党章和《关于党内政治生活的若干准则》等中央文件。要坚持理论联系实际的学风，把学习与实践结合起来，增强党性锻炼，改造世界观。坚持不懈地抓好这项工作，才有利于保证各级领导权真正掌握在忠于马克思主义、全心全意为人民服务、密切联系群众的人手里。

全体共产党员和党员干部，都要带头学习雷锋，一切为群众着想，做人民的公仆。电视、广播、报刊要多宣传群众，充分反映广大工人、农民、知识分子、解放军指战员的创造性劳动、先进思想和模范事迹。领导同志的一般性活动和一般性工作会议，不作公开报道。

（九）各级党委要组织广大党员用整风精神学习和贯彻执行这个决定。

各地区、各部门都要根据各自的实际情况，制定贯彻本决定的细则和措施，认真实施。要力争今明两年在密切党群关系方面取得明显进步，实实在在地解决群众最关心而又有条件解决的问题。从今年起，每年年终总结工作，都要结合检查党群关系、干群关系中存在的问题，研究解决办法，开展批评与自我批评，考评干部，以利于不断改进领导作风和工作作风。我们的目标仍然是逐步造成又有集中又有民主，又有纪律又有自由，又有统一意志、又有个人心情舒畅、生动活泼的政治局面。

中央要求，全党同志在新的历史条件下，继承和发扬我们党密切联系群众的优良传统，更加紧密地依靠和团结全国各族人民，把建设有中国特色的社会主义事业不断推向前进。

附件2：甘肃省委、省政府《关于构建亲清新型政商关系的意见》

（2018年6月）

构建亲清新型政商关系，是贯彻落实习近平新时代中国特色社会主义思想和党的十九大精神的重要内容，也是全省转变作风、改善发展环境的现实需要。为规范全省各级党政机关和领导干部与非公有制经济人士的交往交流，进一步促进非公有制经济健康发展和非公有制经济人士健康成长，现就推动构建亲清新型政商关系提出如下意见。

一、努力实现"亲"的目标

"亲"是指党政机关和领导干部同非公有制经济人士的交往要亲切亲近、坦荡真诚，是构建新型政商关系的高线要求。各级党政机关和领导干部、非公有制企业和非公有制经济人士要共同努力实现这一目标。

（一）党政机关和领导干部

1. 紧密联系。建立完善领导干部联系非公有制企业和商会制度，各级党政领导干部到所联系的企业和商会调研或现场办公每年不少于2次，各级党委政府每季度召开1次恳谈会或座谈会，积极主动同非公有制经济人士交朋友，做到企业动向第一时间获悉、企业诉求第一时间掌握、企业困难第一时间了解。

2. 大力支持。着力破除制约非公有制经济发展的体制机制障碍，紧盯影响政策落实的突出问题和关键环节，推动政策落地。帮助企业强化人才支撑、破解融资难题、推动创新发展、促进转型升级，及时协调企业发展中的具体问题。激发和保护企业家精神，培育表彰优秀企业家，营造全社会尊重企业家、尊重纳税人、尊重创新创业的良好环境。

3. 周到服务。树立服务意识，转变服务作风，推行"一窗办、一网办、简化办、马上办"改革，推进精准服务，推行办事"最多跑一次"，努力营造服务受理零推诿、服务方式零距离、服务质量零差错、服务结果零投诉的政务环境。

4. 帮促项目。牢固树立发展靠项目意识，因企施策，精准对接，主动沟通，积极协调，帮助企业优化项目实施方案，解决项目推进难题。重大招商项目建设特事特办，领导主抓，一事一策，一抓到底。实行投资项目负面清单，防控项目建设廉洁风险。

（二）非公有制企业和非公有制经济人士

5. 坚定信念。深入学习贯彻习近平新时代中国特色社会主义思想，自觉践行新发展理念，坚定中国特色社会主义道路自信、理论自信、制度自信、文化自信。

6. 增进信任。深刻理解"两个毫不动摇""三个没有变"是党和政府一以贯之的立场，主动同各级党委政府沟通交流，讲真话、说实情，建诤言、献良策。

7. 提振信心。充分认识新时代非公有制经济发展的空间更加广阔，提振抢抓机遇、加快发展、做优做强的信心，积极参与供给侧结构性改革和科技创新，努力推动高质量发展。

8. 提升信誉。不断提高自身综合素质，弘扬契约精神，守法诚信经营，积极助力脱贫攻坚，自觉履行社会责任，树立良好社会形象。

二、坚决守好"清"的底线

"清"是指党政机关和领导干部同非公有制经济人士的交往要清白纯洁、不搞利益交换，是构建新型政商关系的底线要求。各级党政机关和领导干部、非公有制企业和非公有制经济人士都不能逾越，做到遵纪守法，不踩红线，不越底线。

（一）党政机关和领导干部

9. 不吃请。不接受企业和企业家出资安排的可能影响公正执行公务的宴请、旅游等活动，不出入私人会所、高消费娱乐场所。因工作需要，领导干部和党政机关工作人员经批准，可以应邀参加非公有制企业的活动。

10. 不贪腐。严格遵守党纪国法，不滥用职权，不收受礼金、有价证券、支付凭证、各种贵重礼品，不搞权力寻租、利益输送，做到干部作风清廉，树立政府清明形象。

11. 不推脱。认真办理非公有制企业依照法律和规定程序提请的事项，实行首问首办责任制，一次性告知、限时办结、结果反馈，对企业诉求不推诿、不拖延。对重点骨干企业和重点项目的实施，采取领导挂点服务，及时解决存在的困难和问题。

12. 不走偏。全面实施市场准入负面清单制度，公平对待非公有制企业，不厚此薄彼，不变相歧视，保证非公有制企业依法平等使用生产要素、公平参与市场竞争、同等受到法律保护。

（二）非公有制企业和非公有制经济人士

13. 不请吃。不为领导干部出资安排宴请、娱乐和旅游等活动。企业在接待公务人员调研时，不得安排与工作无关的活动。

14. 不行贿。不向领导干部及其特定关系人赠送财物或输送利益。不以损害国家利益、公众利益为代价，拉拢腐蚀围猎党政干部，谋取个人利益。

15. 不欠薪。不以任何理由或借口拖欠企业员工劳动报酬，不低于当地最低工资标准支付劳动报酬，落实和改善企业员工社会保障，推动建立规范有序、公正合理、互利共赢、和谐稳定的劳动关系。

16. 不逃税。守商规，走正道，洁身自好，守法经营，依法纳税。不偷税漏税，不制假贩假，不损害消费者利益，做爱国敬业、守法经营、创业创新、回报社会的典范。

三、强化监督保障措施

（一）举报受理。畅通投诉渠道，充分发挥"12388"纪检监察机关投诉举报平台、非公有制经济市场主体投诉平台的作用，并在全省各级工商联组织设立举报投诉平台，对非公有制企业反映的问题，及时调查核实，及时协调处理，切实维护非公有制企业合法权益。

（二）督查评估。各级非公办定期对促进民间投资、发展非公有制经济政策落实情况进行督查。省工商联牵头，委托高校或科研院所等第三方机构对各地营商环境进行科学评估、准确排序，每年发布评估报告，作为衡量当地政商关系的重要依据，督查和评估结果纳入政府年度目标责任考核内容。

（三）容错纠错。坚决落实习近平总书记关于"三个区分开来"的要求，建立完善容错纠错机制，消除党政干部与企业家正常交往的后顾之忧，鼓励支持各级领导干部大胆同非公有制经济人士交往。同时，强化示范引导，加强警示教育，营造支持改革、宽容失误、鼓励担当的良好氛围。

（四）严肃问责。坚持对政商关系中各种违纪违法现象"零容忍"，对涉嫌违纪违法的党政干部和行使公权力的公职人员，依法依纪严肃处理。对非公有制企业负责人拉拢腐蚀、围猎党员领导干部，谋取不正当利益等违法行为，一经查实，依法惩处。

各地各部门要结合各自实际，细化实化贯彻落实措施，制定出台本地区本部门的具体意见。

附件 3：湖北省《关于从严约束纪检监察干部交往行为的若干规定（试行）》

（2019 年 5 月）

为锻造"忠诚、干净、担当"的纪检监察"铁军"，在严格执行《湖北省纪检监察干部"十五不准"行为规范（试行）》的基础上，进一步从严约束纪检监察干部交往行为，规定如下：

1. 不得接受与工作无关的公款接待。

2. 不得在同事之间、上下级之间搞相互吃请。

3. 不得接受商人老板、监督对象、涉案人员及其亲属和特定关系人的吃请。

4. 不得出入不健康或有损形象的场所。

5. 不得在外出工作期间擅自离开岗位私自会客。

6. 不得在对外沟通协调工作时夹带个人诉求。

7. 不得向无关人员炫耀、谈论、泄露信访举报、线索处置、审查调查各环节的情况，包括办理部门、办案人员、处置措施、涉案事项和人员等各类信息。

8. 不得打听、询问有关案件、信访、问题线索处置等信息。

9. 不得为被谈话函询人、被审查调查人、涉案人员及其特定关系人分析案情、出谋划策，帮助规避或对抗监督检查、审查调查。

10. 不得私自过问审查起诉、审判执行等司法工作。

11. 不得利用纪检监察干部身份为他人居间斡旋、站台撑腰、牵线搭桥。

参考文献

1. ［德］马克思、恩格斯:《马克思恩格斯选集》（第 1 - 4 卷），人民出版社 1995 年版。

2. 毛泽东:《毛泽东选集》（第 1 - 4 卷），人民出版社 1991 年版。

3. 邓小平:《邓小平文选》（第 3 卷），人民出版社 2001 年版。

4. 习近平:《习近平总书记系列重要讲话读本》，学习出版社、人民出版社 2014 年版。

5. 习近平:《习近平用典》，人民日报出版社 2015 年版。

6. 习近平:《办公厅工作要做到"五个坚持"》，《秘书工作》2014 年第 6 期。

7. 胡月星:《胜任领导》，国家行政学院出版社 2012 年版。

8. 赵忠令、胡月星:《现代领导心理》，中国社会科学出版社 2003 年版。

9. 胡月星:《快乐领导》，国家行政学院出版社 2016 年版。

10. 胡月星:《领导心理》，研究出版社 2017 年版。

11. 胡月星:《现代领导心理学》，山西经济出版社 2006 年版。

12. ［美］大卫·V. 戴、约翰·安东纳基斯著，林嵩、徐中译：《领导力的本质》（第二版），北京大学出版社 2015 年版。

13. 全国十二所重点大学联合编写：《心理学基础》，教育科学出版社 2002 年版。

14. 人力资源和社会保障部职业能力鉴定中心：《与人交流能力训练手册》，人民出版社 2011 年版。

15. ［美］巴内（Baney, J. ）著，刘志刚、袁瑛译：《人际沟通指南（中文)》，清华大学出版社 2004 年版。

16. 许玲：《人际沟通与交流》，清华大学出版社 2007 年版。

17. 刘毅：《管理心理学》（第二版），四川大学出版社 2008 年版。

18. 刘继兴编著：《魅力毛泽东》，新华出版社 2009 年版。

19. 王军威：《基层公务员工作满意度问题研究——基于郑州市金水区的调查》，华东科技大学 2008 年硕士学位论文。

20. 袁书杰：《领导激励》，研究出版社 2017 年版。

21. ［美］迈克尔·阿伯拉肖夫：《这是你的船》，机械工业出版社 2015 年版。

22. ［日］是本哲雄著，颜文君译：《人际关系心理学》，经济管理出版社 2004 年版。

23. 王军：《人际交往心理学》，合肥工业大学出版社 2011 年版。

24. 黄囒莉：《华人人际和谐与冲突》，重庆大学出版社 2007 年版。

25. ［美］梅尔·吉尔：《非常识》，中国和平出版社 2005 年版。

26. 杨国愉、冯正直等：《社会支持评定量表在军人群体中的信效度和常模》,《中国心理卫生杂志》2006 年第 5 期。

27.〔美〕威廉·W. 威尔莫特、乔伊斯·L·霍克著,曾敏昊、刘宇耘译:《人际冲突——构成和解决》(第 7 版),上海社会科学院出版社 2011 年版。

28. 肖沛雄、陈国海等主编:《大学生心理与训练》,中山大学出版社 1999 年版。

29.〔美〕斯蒂芬·P. 罗宾斯、蒂莫西·A. 贾奇著,李原、孙健敏译:《组织行为学》(第 12 版),中国人民大学出版社 2008 年版。

30.〔美〕大卫·梅西克、罗德里克·克雷默著,柳恒超、刘建洲等译:《领导心理学》,复旦大学出版社 2011 年版。

31.〔美〕奥伯利·C. 丹尼尔斯著,王瑀、王栎译:《真情互动》,新华出版社 2002 年版。

32.〔意〕安东尼奥·梅内盖蒂著,艾梅、朱菁菁译:《领导者心理学》,光明日报出版社 2015 年版。

33. 朱永新:《管理心理学》(第 3 版),高等教育出版社 2014 年版。

34. 刘峰:《简约领导》,国家行政学院出版社 2012 年版。

35.〔美〕戴维·迈尔斯著,张智勇、金盛华、侯玉波译:《他人即地狱?》,人民邮电出版社 2012 年版。

36.〔英〕东尼·博赞、巴利·博赞著,叶刚译:《思维导图》,中信出版社 2009 年版。

37. 黄明珠:《跨文化管理沟通中的人际关系处理》,《中国市场》2015 年第 4 期。

38. 郑立新:《领导才能与有效沟通的研究》,哈尔滨工程大学 2004 年硕士论文。

39. 张放天：《性格分析与人际沟通》，《经贸世界》2005年1月。

40. ［美］梅尔·西尔伯曼、弗瑞达·汉斯伯格著，杜华译：《人际智慧：高效沟通的8项修炼》，团结出版社2013年版。

41. ［美］莫里克·罗森伯格、丹克尼·西尔弗特著，段鑫星、吴国莎译：《最靠谱的行为观察术：人际交往中的识人相处之道》，人民邮电出版社2013年版。

42. ［美］理查德·L. 达夫特著，杨斌译：《领导学：原理与实践》（第2版），机械工业出版社2005年版。

43. ［美］詹姆斯·麦格雷戈·伯恩斯著，常健、孙海云等译：《领袖》，中国人民大学出版社2016年版。

44. ［美］约翰 P. 科特著，李亚、王璐、赵伟等译：《权力与影响力》，中国国际广播出版社1992年版。

45. ［美］罗杰·费希尔、艾伦·夏普著，刘清山译：《横向领导力》，北京联合出版公司，2015年版。

46. 刘郁：《人际交往自测与咨询》，浙江人民出版社1999年版。

47. 郑日昌：《大学生心理诊断》，山东教育出版社1999年版。

48. ［美］彼得·圣吉著，张成林译：《第五项修炼——学习型组织的艺术与实践》，中信出版社2009年版。

49. ［美］博恩·崔西著，周斯斯译：《卓越领导人的领导力》，重庆出版社2010年版。

50. ［美］高尔登·奥尔波特著，杜伟华译：《偏见的本质》，北京师范大学出版社2017年版。

51. ［美］塔克、麦卡锡、贝通著，吴帆、马文娟译：《工作中的人际关系大挑战——管理组织中的自我与他人》（第7版），清华大学出版社2004年版。

52. 朱昌俊：《扭曲的职场人际关系让年轻人"累觉不爱"》，《中国青年报》2016年8月5日。

53. 美国陆军部：《美国陆军领导力手册》，宫玉振译，北京大学出版社2015年版。

54. ［美］戴维·迈尔斯著，张智勇、乐国安、侯玉波等译：《社会心理学》（英文第8版），人民邮电出版社2005年版。

55. J. L. Freedman, et al：Social Psychology（5th ed.）. NJ：Prentice – Hall Englewood Cliffs，1985.

56. Netemeyer, R. G. and Boles J. S. &McMurrian R：Development and Validation of Work – Family Conflict and Family – Work Conflict Scales. *Journal of Applied Psychology*, 1996（81）.

57. Zajonc, R. B：Attitudinal Effects of Mere Exposure. *Journal of Personality & Social Psychology Monograph Supplements Pt*, 1968（9）.

后　记

人是一种社会性动物，离不开人际交往，就像人离不开空气一样。只是前者指社会需要，后者指生理需要罢了。人际交往指数是衡量一个人心理健康水平的重要指标之一。党的十九大报告指出，要加强社会心理服务体系建设，培育自尊自信、理性平和、积极向上的社会心态。可以说，只有领导干部具备了较高的人际管理能力水平，才能内心健康、充满活力；才能融洽上下级关系，营造积极和谐的组织氛围；才能密切联系群众，保持与群众的鱼水情深。当前，领导干部人际交往问题已成为政治学、管理学、心理学、社会学等多个学科共同关注的热点话题。关注新形势下领导干部人际交往及相关问题，是维护干部心理健康，构建积极愉快、亲清和谐新型人际关系的着力点。

这本著作是我在写博士论文期间逐步构思完成的，所查阅的资料还可以为论文撰写作参考，一举两得，甚为欣喜。如同写论文一样，没有恩师——中央党校（国家行政学院）党建部党的领导与领导科学教研室主任胡月星教授的信任鼓励和耐心点拨，不可能有这些丰收的成果，更不可能有如此宝贵的机会领略干部心理健康领域的美丽风景。感谢胡老师的谆谆教诲，他的宽厚仁爱和悉心指导给了我莫大的支持与鼓励。在边工作边学习的日子里，觉得生活充实的同时，我也常常心怀感恩。感谢学校党委书记汪枫、党委副书记胡家俊以及组织部部长陶卫平，校纪委副书记王国平，机关党委书记吴敏，教科院书记余南宁、院长徐俊华等领导在我求学深造上给予的支持鼓励，感谢中央党校（国家行政学院）张志明教授、冯秋婷教授、刘峰教授、刘炳香教授、王瑜教授、张国玉教授、雷强副教授和北京大学程美东教授、北京航空航天大学邓丽芳教授在我专业成长中给予的指导帮助。同时，与许多同行朋友的合作交流也给我莫大的帮助：王文新博士、程卫凯博士、田学英博士、刘轩博士、杨鹏博士、李建良博士、赵郝锐博士、贺海峰博士、赵曾臻博士、李朝波博士、张磊博士、陈宗波博士、侯术山博士，在此向他们表示真诚的感谢！

本书的顺利完成还得益于自己过去在心理学学科积淀的背景知识，以及自己多年从事组织人事、党校工作和领导心理学研究，希望这本书能够给大家带来一些启发。这本书作为个人学术历程的新起点，会不断鞭策和激励着我，在传承中国领导科学界弥足珍贵的思想和精神的同时，积极为领导干部心理健康的研究事业尽一份绵薄之力。因在写作过程中参考引用了一些文献资料和心理测评量表，在此也向资料的作者们、译者们表示诚挚的谢意！最后，广东人民出版社的平台搭建给了我思维分享的良机，责编曾玉寒女士为本书的出版付出了大量的心血，在此表示衷心的感谢！书不尽言，言不尽意，由于本人水平能力有限，不当之处，恳请各位领导专家和读者朋友不吝批评指正。

袁书杰

2019 年 6 月 8 日于北京

关注领导干部心理健康
为领导干部排忧解压支招

论领导干部的自我修养

微信扫描下方二维码即可

■【提升领导干部素质】

通过经典理论来帮助领导干部提升综合素质

■【加强党员干部修养】

从不同的角度切入，提升党员干部的自我修养

另配文章资讯、智能阅读向导

微信扫码